내 손 안의 경남 006

가야인의 삶, 그리고 흔적

내 손 안의 경남 006

가야인의 삶, 그리고 흔적

초판 1쇄 발행 2011년 12월 30일

저 자 _남재우 · 김주용 · 천성주 · 성진석
펴낸이 _윤관백
편 집 _안수진 ▌표 지 _김현진 ▌제 작 _양경화 ▌영 업 _이주하
펴낸곳 _ 도서출판 선인 ▌인 쇄 _대덕문화사 ▌제 본 _바다제책
등 록 _ 제5-77호(1998.11.4)
주 소 _ 서울시 마포구 마포동 324-1 곶마루 B/D 1층
전 화 _ 02)718-6252/6257 ▌팩 스 _ 02)718-6253 ▌E-mail _ sunin72@chol.com
정 가 13,000원

ISBN 978-89-5933-373-8 04900(세트)
ISBN 978-89-5933-515-2 04900

내 손 안의 경남 006

가야인의 삶, 그리고 흔적

| 남재우 · 김주용 · 천성주 · 성진석 |

선인 도서출판

머리말

가야사람들의 삶의 모습을 알 수 있는 문자기록은 너무 적다. 그래서 흔히들 가야의 역사를 말할 때 문자기록은 없고, 유물과 유적만 있다고 말한다. 기록이 없는 것은 아니지만, 가야 사람들의 생활 모습을 이해하려고 할 때 유물과 유적은 중요한 자료가 되고 있다.

가야의 유적에 대한 조사는 1970년대 이후 낙동강유역 개발 사업과 함께 이루어졌다. 다양한 유적들이 조사되었는데 주로 거대한 고분에 대한 것이었다. 고령 지산동고분군, 창녕 교동 · 송현동고분군, 창녕 계성고분군, 함안 말이산고분군, 김해 대성동고분군과 양동고분군 등이었다. 가야사람들은 저승에서도 살았을 때와 다름없는 생활을 하는 것으로 믿었던 것 같다. 그래서 무덤 속에는 많은 유물들이 부장되어 있었고, 심지어 순장도 행해졌다. 무덤 속의 유물들은 토기류, 철로 만들어진 무기류, 장식구인 구슬류, 지배층의 표식이었던 금동관 등 다양하였다. 이것들을 통해서 가야사람들의 삶의 모습을 읽을 수 있다.

무덤만 조사된 것은 아니었다. 차츰 생활유적들에 대한 조사로 이어졌다. 먹거리와 주거의 모습을 보여주는 다양한 유적이 조사되었다. 유적에서는 농경이나 어로생활을 추정할 수 있는 많은 자료들이 나타났다. 패총유적에서는 그 당시의 사람들의 먹거리를 알 수 있는 동물뼈, 고기뼈, 곡류 등이 조사되었다. 주거유적에서는 당시의 사람들이 살았던 집이나, 창고 등의 모습을 이해할 수 있었다. 이외에도 다양한 유물들을 통하여 가야사람들의 종교의례 등을 살필 수도 있었다.

이 글에서는 가야가 자리잡고 있었던 경남지역의 다양한 유적에서 나타난 유물 등을 통하여 가야사람들의 삶의 모습을 헤아려 보려고 했다. 그 의도가 잘 이루어졌는지 알 수는 없다. 앞으로 더 많은 고고자료가 확보되면 가야사람들이 만들어갔던 사회와 생활 모습을 이해할 수 있을 것이다. 이 책은 창원대학교 경남학연구센터의 '내 손 안의 경남' 시리즈, 여섯 번째 결과물이다. 자료제공에

도움을 준 문화재 관련기관에게 고마움을 전한다.

2011. 12

남재우(집필자대표)

집필자
남재우(창원대학교 사학과 부교수 · 박물관장)
김주용(창원대학교박물관 학예연구사)
천성주(진주청동기문화박물관 학예연구사)
성진석(창원대학교 사학과 박사 수료)

가야인의 삶, 그리고 흔적

Ⅰ. 문헌으로 보는 가야사람들의 삶

1. 가야의 문헌기록
2. 가야사람들의 먹거리, 의복, 주거
3. 가야사람들의 의례와 습속

1. 가야의 문헌기록

옛 사람들의 삶의 모습을 전하고 있는 것은 삶의 흔적인 유물과 유적이다. 가야도 마찬가지다. 하지만 문자기록도 가야 사람들의 생활모습을 이해하는데 도움을 주고 있다.

가야사람이 남긴 가야의 역사서도 없지만, 가야를 중심으로 서술한 가야의 역사서도 없다. 이에 비해 고구려, 백제, 신라는 다르다. 『삼국사기』는 삼국을 주체로 하여 서술한 역사서이다. 가야에 대한 기록은 여러 역사서에 그 조각들이 남아있을 뿐이다. 국내의 역사서로는 『삼국사기』를 비롯하여 『삼국유사』, 『신증동국여지승람』 등이며, 외국 역사서로는 중국의 『삼국지(三國志)』, 『신당서』, 『구당서』, 『남제서』 등이다. 일본에는 『일본서기』가 가야의 역사를 많이 담고 있다.

물론 『삼국유사』에는 「가락국기(駕洛國記)」가 있어서 가야에 대한 비교적 많은 서술을 남겼다. 다행스런 일이 아닐 수 없다. 그 내용들이 너무 설화적이라서 역사적 사실로 모두 믿을 수는 없지만, 당시의 사회상을 이해하는데 도움을 주고 있다. 「가락국기」는 고려 문종 3년(1076) 김해의 금관주지사가 편찬했던 가락국의 역사서인데 고려 인종 23년(1145)에 편찬되었던 『삼국사기』보다 70년이나

| 『삼국유사』 오가야조 |

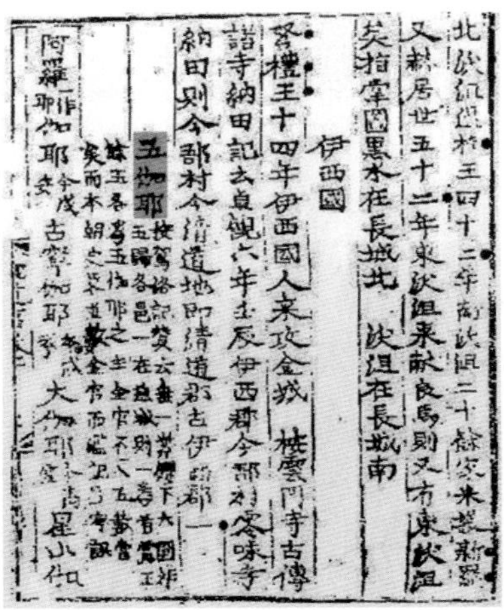

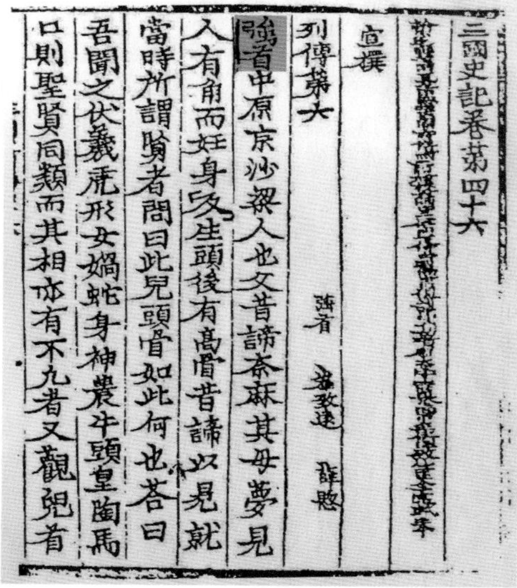
三國史記卷第四十六

宣撰

列傳第六

强首 崔致遠 薛聰

强首中原京沙梁人也父昔諦奈麻其母夢見
人有角而妊身及生頭後有高骨昔諦以兒就
當時所謂賢者問曰此兒頭骨如此何也荅曰
吾聞之伏羲虎形女媧蛇身神農牛頭皐陶馬
口則聖賢同類而其相亦有不凡者又觀兒首

| 『삼국사기』 강수전 |

앞선 것이다.

「가락국기」 외에 가야사람들의 삶을 보여주는 기록은 『삼국지』이다. 『삼국지』는 3세기 중엽에 서진(西晉)의 진수(陳壽)라는 사람이 편찬한 중국의 정사서로서 그 안에 수록되어있는 위서동이전(魏書東夷傳)은 부여, 고구려, 옥저(沃沮), 읍루(挹婁), 예(濊), 한(韓), 왜(倭)에 대하여 기록하고 있어 한국 고대사회에 대한 많은 자료를 남기고 있다. 즉 한전(韓傳)에 수록된 변한에 대한 기록은 전기 가야사회에 대한 모습을 이해하는데 커다란 도움을 주고 있다.

『일본서기』는 8세기 초에 서술된 역사서로 가야에 대한 많은 기록을 남기고 있다. 하지만 일본의 천황제사관에 의해 기술된 까닭에 많은 부분이 사실과 부합되지 않는 왜곡된 사실을 전하고 있어 그 기록에 대한 부정적 입장이 강하다. 다만 『일본서기』의 편찬과정에서 백제의 역사서들을 참고하여 서술되었기 때문에 6세기대의 내용은 일부 신빙성이 높아 가야사연구와 가야사회를 재현하는데 적극 활용되고 있다.

이러한 기록들을 바탕으로 가야의 사회, 가야 사람들의 삶의 모습을 어렴풋이나마 재구성해 볼 수 있다.

2. 가야사람들의 먹거리, 의복, 주거

1) '흰쌀밥에 고깃국'을 꿈꿨을까?

| 진주 평거동 밭유적 전경(경남발전연구원 역사문화센터, 2001) |

어느 누구도 먹는 것으로부터 자유롭지 않다. 따라서 음식의 역사는 인간의 역사 그 자체이다. "흰쌀밥에 고깃국"은 그리 오래지 않은 과거에도 사람들이 꿈꾸는 희망이었다. 가야시기 사람들은 무엇을 먹고 살았을까? 그들의 일상적인 먹거리인 주식은 무엇이었을까? 지금은 서구문물의 유입으로 빵이 식생활에서 차지하는 비중이 높아졌으나 아직까지 우리의 주식은 밥이다. 밥을 먹기 시작한 것은 언제부터였을까?

수렵이나 채집에서 벗어나 사람들의 먹거리를 스스로 생

| 진주 평거동 논유적 전경(경남발전연구원 역사문화센터, 2001) |

산한 것이 농경의 시작이며, 그것은 신석기시대 이후부터이다. 농경은 인류의 역사를 획기적으로 발전시켰으므로 '신석기 혁명'이라 부른다. 신석기시대 이후부터 청동기시대까지의 곡물은 그 시대의 유적에서 엿볼 수 있다. 조, 기장, 수수, 콩, 팥 등이 발견되었다. 이러한 작물은 밭에서 재배되는 것이므로 주로 밭농사를 지었다는 것을 알 수 있다. 15세기 조선시대에도 농경지에서 논이 차지하는 비율은 20%, 밭이 차지하는 비율이 80%에서 알 수 있는 것처럼 시대를 거슬러 올라갈수록 밭농사의 비율이 높았다.

청동기시대의 여러 유적에서는 벼농사의 흔적이 확인된다.

| 칠곡 3택지 곡식류 출토(국립중앙박물관, 2000) |

탄화미나 볍씨가 찍힌 토기에서 그것을 알 수 있다. 쌀은 다른 곡식보다 맛이 좋고, 낱알도 크고 생산성도 높은 곡물이다. 하지만 쌀농사를 지으려면 조건이 까다로웠다. 따뜻한 기후, 물의 확보, 그리고 농업기술 등이 뒷받침되어야 한다.

그래서 삼국시대 초기에는 콩이나 보리가 주로 재배되었다. 『삼국사기』의 기록에 의하면 삼국시대 초기에는 쌀에 대한 기록은 보이지 않고 자연재해로 피해를 입은 콩과 보리에 대한 기록이 많으며, 보리의 풍작으로 풍년이 들었다는 이야기도 있다.

"5년(84) 남신현에서는 보리줄기가 가지를 쳤다. 크게 풍년이 들어 길 가는 사람들이 식량을 싸가지고 다니지 않게 되었다.(五年 南新縣麥連 大有年 行者不糧)"(『삼국사기』 신라본기 파사니사금)

| 광주 신창동 유적 탄화미 출토
(국립중앙박물관, 2000) |

"27년(222) 여름 4월에 우박이 내려 콩과 보리를 상하게 했다.(二十七年 夏四月 雹傷菽麥)"(『삼국사기』 신라본기 나해니사금)

삼국시대 초기는 쌀보다 콩과 보리가 많이 재배되었다. 콩은 재배하기 쉽고 가뭄에 잘 견디므로 고대사회의 주식이었다. 보리는 다른 밭작물에 비해 짧은 기간에 재배되고 가뭄에 잘 견디며 늦어도 6월이면 거둘 수 있는 이점 때문에 빠른 속도로 보급되었다.

그러나 6세기이후로 가면 쌀농사가 확대되기 시작했다. 저수지 등 수리관개시설의 확충과 철제농기구 및 소갈이의 보급이 그것을 잘 말해준다. 우박으로 벼가 피해를 입었다거나, 고리대의 곡식으로 벼를 내었다는 기록에서도 알 수 있다.

벼농사가 확대되었다고 해서 쌀밥으로 배를 채울 수는 없었다. 일반 백성들은 쌀을 세금으로 바치고, 자신들은 보리, 조, 콩 등의 잡곡과 도토리 등으로 연명했다. 조선시대 사람들도 '쌀밥에 고깃국'이 최고의 염원이었으므로, 삼국시대는 말할 필요조차 없다.

삼국 중에서도 쌀농사가 가능했던 곳은 남부지방의 삼한

| 창원 반계동 유적 우물 축조 모습(창원대학교박물관, 2000) |

| 경주 노서동 유적 두레박모습(성림문화재연구원, 2010) |

지역이었다. 고구려는 산이 험하고 기온이 낮아서 벼농사에 적합하지 않았다. 가야의 경우는 가야 전기에 해당하는 변한시기부터 벼농사가 가능했다. 물론 가야 이전의 청동기시대에는 남부지방 또한 밭농사가 중심이었다. 수로왕이 가락국을 세우기 이전의 김해지역에는 9간을 중심으로 하는 청

동기사회가 존재하고 있었는데, "그때 사람들은 거의 스스로 산과 들에 모여 살면서 우물을 파서 마시고 밭을 갈아서 먹었다. (多以自都山野 鑿井而飮 耕田而食)"고 『삼국유사』 가락국기에 기록되어 있다.

하지만 가락국이 등장하면서 김해지역에도 논농사가 시작되었다.

"토지는 비옥하여 오곡과 벼를 심기에 적당하다.(土地肥美 宜種五穀及稻)"(『삼국지』 변진)

"오월에 씨를 뿌리고 난 뒤 귀신에게 제사를 지낸다.(常以五月下種訖 祭鬼神)"(『삼국지』 한전)

"임시 궁궐의 남쪽 신답평—이 땅은 예전부터 한전이다. 새로 경작했기 때문에 신답평이라 한 것이다. '답(畓)'자는 속자다.(仍駕幸假宮之南新畓坪[是古來閑田 新耕作故云也 畓乃俗文也])"(『삼국유사』 가락국기)

"이에 그들이 타고 왔던 배는 돌려보냈는데 뱃사공은 모두 열다섯 명이었다. 각각 쌀 열 섬과 베 서른 필을 주어 본국으로 돌아가게 했다.(於是遂還來船 工梢師共十有五人 各賜粮粳米十碩 布三十疋)"(『삼국유사』 가락국기)

변한지역은 토지가 비옥하여 벼를 심기에 적당하였고, 벼

이외에 오곡이 있었는데, 조, 기장, 콩, 보리, 마가 그것이다. 벼는 새로 경작한 땅이라는 '신답평'을 통해서 논에서 재배되고 있음을 알 수 있다. 이렇게 논에 볍씨를 뿌리고 난 이후에는 풍작을 기원하는 제사를 지냈다. 농사를 짓고 제사를 지내는 과정에서 술도 마시고 춤도 추었다. 수로왕비인 허황옥을 따라온 사람들이 본국으로 돌아갈 때에 쌀 열섬을 주었다는 것도 논농사의 발전을 짐작할 수 있다.

쌀을 비롯한 곡류 외에 다양한 음식이 있었을 것이다. 기록에 의하면 음료도 있었으며, 술을 만들어 마시기도 하였다.

"왕은 그들에게 난초로 만든 음료와 혜초(蕙草)로 만든 술을 주었다.(給之以蘭液蕙)"(『삼국유사』 가락국기)

"그 나라의 풍습은 노래하고 춤추며 술마시기를 좋아한다.(俗喜歌舞飮酒)"(『삼국지』변진)

2) 무엇을 입었을까?

인간은 자연의 온갖 변화에 적응할 수 있는 신체적 조건을 타고 나지 못했다. 동물들은 몸을 보호하는 털이나 두터운 살갗을 가졌지만 사람은 아니었다. 그래서 사람들은 몸을 보호하기 위한 무언가를 몸에 걸칠 수밖에 없었다. 그것이 옷이었다. 그래서 옷은 인간과 동물을 구별하는 중요한 요소가 되었다. 옷은 사람에게 추위를 피하게 해주었고, 몸을 아름답게 장식했다. 또한 옷은 사람의 신분과 부의 표현으로 자리매김되기도 했다.

| 안악3호분의 여인의 옷입은 모습 |

일반 서민들에게 목면이 보급된 것이 고려 말기였으므로 그 이전 일반서민들의 의복은 매우 열악했을 것이다. 물론 지배층은 달랐다. 가야시기의 사람들은 어떤 옷을 입었을까?

(1) 재료

가야시기에 어떤 직물이 있었는지, 직조기술은 어떠하였는지 잘 알 수는 없다.

"누에치기와 뽕나무를 재배하여 비단과 베를 짤 줄 알았다.(曉蠶桑 作縑布)"(『삼국지』변진)

"왕후도 산 밖의 별포 나루터에 배를 매고, 육지로 올라와서 높은 언덕에서 쉬었다. 그리고 자기가 입었던 비단바지를 벗어서, 그것을 폐백 삼아 산신에게 바치는 것이었다.(王后於山外別浦津頭 維舟登陸 憩於高嶠 解所著綾袴爲贄 遺于山靈也)"(『삼국유사』가락국기)

"가지고 온 것은 금수 · 능라와 옷 · 필단이며 금은 · 주옥과 경구의 장신구 등은 이루 다 기록할 수 없었다.(所錦繡綾羅 衣裳疋段 金銀珠玉 瓊玖服玩器 不可勝記)"(『삼국유사』가락국기)

"의복 · 필단 · 보화도 주었다.(至於衣服疋段寶貨之類)"(『삼국유사』가락국기)

"12국에는 왕이 있으며 그 사람들의 모습은 모두 장대하다. 의복은 청결하며, 장발로 다닌다. 또 폭이 넓은 고운 베를 짜기도 했다.(十二國亦有王 其人形皆大 衣服潔淸 長髮 亦作廣幅細布)"(『삼국지』변진조)

겸(縑)은 각종 비단을 총칭한다. 누에치기를 했으므로 비단이 만들어진 것은 당연하다. 포(布)는 식물성 베를 가리키

| 실을 뽑는 도구인 가락바퀴 |

지만, 여기서의 포는 동물성 면포(緜布)를 의미한다. 면포는 누에고치를 부풀려서 목화솜처럼 만든 다음, 이 솜으로부터 실을 자아내어 짠 옷감을 가리키는데 가볍고 질기고 실용적인 직물이다. 고치솜 그 자체를 옷 속에 두어서 누비면 보온성을 높여주므로 겨울에는 따뜻하고 포근한 옷을 만들 수 있었다. 이러한 면포로 만든 옷과 비단의복은 지배층과 부유한 계층들만 착용할 수 있었다.

겸이나 면포와는 다른 비단 종류도 있었다. 능(綾)이라는 비단이 등장하는데 수로왕의 왕비인 허황옥이 가야로 올 때 고개에서 자신의 비단바지를 벗어서 산신에게 바쳤고, 그 고개를 '능현(綾峴)'이라 하였다. 그리고 허왕후가 가져온 물건 중에서도 능라(綾羅)가 포함되어 있다. 이것이 신화속의 이야기에 지나지 않을 수도 있지만, 가야 왕족이 입었던 의복재료의 일부로 볼 수도 있다. '능'이라는 비단은 얼음결과 같은 무늬가 있는 얇은 비단천으로 주로 신분이 높은 계층의 옷으로 활용되었다. 하지만 이 비단은 가야에서 만들어졌다기보다는 중국으로부터 수입되었을 가능성이 높다. 즉 허왕후가 김해지역으로 올 때 가져온 물건들을 "한나라의 사치스런 여러 가지 물건[漢肆雜物]"이라 하였으므로 중국 한나라의 생산품으로 추정된다.

식물성 재료는 고급직물인 '세포(細布)'가 있었는데, 폭이 넓어 '광폭세포(廣幅細布)'라 했다. 세포는 마(麻)의 일종인 경마(縈麻)로 짠 섬세한 직물로서 식물성 섬유 중에서는 가장 고급직물이다. 세포는 백제 아신왕이 광개토왕에게 바친 물품이기도 하고, 고구려에서는 '유인(遊人)'이라는 계층이 세금으로 냈던 특세품목이기도 하다. 이처럼 세포의 소비계층은 왕족 혹은 귀족이나, 오늘날의 연예인과 같은 전문 예술가였던 유인들이 주로 사용했던 품목이었다.

세포와 대응하는 옷감으로 보통 품질의 포(布)가 있다. 대마나 칡의 섬유질로 만든 거친 식물성 베로서 일반 백성들이 사용한 옷감재료였다. 그런데 베옷은 여름에는 실용적이었으나, 겨울에는 적합하지 못했다. 따라서 추위를 막기 위해 짐승의 털이나 조류의 깃털을 옷속에 대어 누비거나 털가죽 그 자체를 의복 삼아 입었다.

| 안압지 출토 각종 가위 |

베 중에는 변한의

이름을 딴 '변한포(弁韓布)'가 있었다.

"진한은 '오백 명은 이미 죽었으니 우리가 마땅히 그에 대한 보상을 치르겠습니다.'하고는, 진한사람 만 5천 명과 변한포 만 5천 필을 내어놓았다.(辰韓曰 五百人已死 我當出贖直耳 乃出辰韓萬五千人 弁韓布萬五千匹)"(『삼국지』 한전)

중국군현 사람 천오백 명이 한인(韓人)들에게 붙잡혀 강제노역을 하다가 3년 만에 오백 명이 죽었는데 이 사실을 알게 된 중국군현에서 보내라고 위협하니, 죽은 사람들의 목숨을 대신하여 진한인 만 오천 명과 변한포 만 오천 필로 변상했다. 이 사실은 변한포가 중국 군현에 알려진 지역의 특산품이었다는 것을 알 수 있다. 이로보아 가야에도 역시 베는 옷감뿐만아니라 교역품으로서도 중요한 물품이었던 것이다.

(2) 의복 갖춤

가야사람들은 어떻게 옷을 입었을까?

"가라왕이 신라왕녀에게 장가들어 아이를 낳았다. 신라가 처음 딸을 시집보낼 때 100명의 사람들을 함께 보내어 그녀의 종으로 삼았으므로, 받아들여 여러 현에 나누어 살게 하고, 신라의 옷과 모자를 착용하게 하였다. '아리사등'이 옷을 달리 입은 것을 보고 성을 내어 강제로 소환시켰다.(加羅王娶新羅王女 遂有兒息 新羅初送女時 并遣百人 爲女從 受而散置諸縣 令着新羅衣冠 阿利斯等 진嗔

| 안압지에서 출토된 빗과 비녀 |

其變服 遣使徵還)"(『일본서기』계체기 23년(529))

이를 통해서 볼 때 가야 옷과 신라 옷이 달랐다는 것을 알 수 있다. 『삼국지』에 따르면, 변한은 "의복과 주택은 진한과 같다"라고 하였다. 이로보아 어느 시점까지는 진한과 변한의 양 지역의 옷이 서로 다르지 않았다. 하지만 법흥왕 4년(517) 신라의 공복이 제정되었고, 그 규정은 귀족에서부터 하급지방관 및 관에 속한 노비에게까지 미쳤을 것으로 추정되므로, 신라 왕녀를 따라온 종자 역시 이 규정에 따랐을 가능성이 높다. 따라서 법흥왕대 이후부터 신라와 가야의 옷이 서로 구별되었을 것으로 추정된다.

『삼국지』의 한전에는 옷과 책(幘)을 입기 좋아하여 낙랑군이나 대방군에 가서 옷과 책을 빌려 입으며, 대방군에서 준 인수를 차고 의책을 착용하는 사람이 천여 명이나 된다고 하였다. 인수는 도장을 비단 끈에 매단 것으로 신분의 상징이자 장신구 역할도 하였다. 이로 보아 3세기 가야인들도 마찬가지였을 것이다.

하지만 기록의 내용은 지배층에 한정되었을 가능성이 높으며, 일반 서민의 경우에는 신라와 가야의 의복이 서로 다르지 않았을 가능성이 높다.

3) 어디에 살았을까?

예나 지금이나 사람들은 그들이 생활하는 공간, 즉 집에 대한 관심이 크다. 수렵과 채집을 하며 끊임없이 옮겨 다니며 살았던 시기의 집은 무서운 동물을 막을 수 있고, 바람과 비, 추위 등을 피할 수 있으면 족하였다. 동굴생활이 그것이다. 하지만 사람들이 농경의 시작과 함께 정착생활을 하면서 살아갈 공간이 중요한 문제로 대두되었다. 그래서 집을 짓기 시작했다.

지금은 많은 사람들이 '닭장'이라고도 부르는 아파트에서 주로 살고 있다. 옛날 가야시기의 사람들은 어떤 집에서 살았을까? 요즘의 주거는 빈부의 차이에 따라 다르다. 이것은 과거에도 마찬가지였다. 가야시기에도 빈부에 따라, 신분의 차이에 따라 주거의 형태는 달랐을 것이다.

| 집모양 토기(박천수, 2010) |

"거처는 초가에 토실을 만들어 사는데, 그 모양은 마치 무덤과 같으며, 그 문은 위쪽에 있다. 온 집안 식구가 그 속에 함께 살며, 어른과 아이, 남녀의 분별이 없다.(居處作草屋土室 形如冢 其

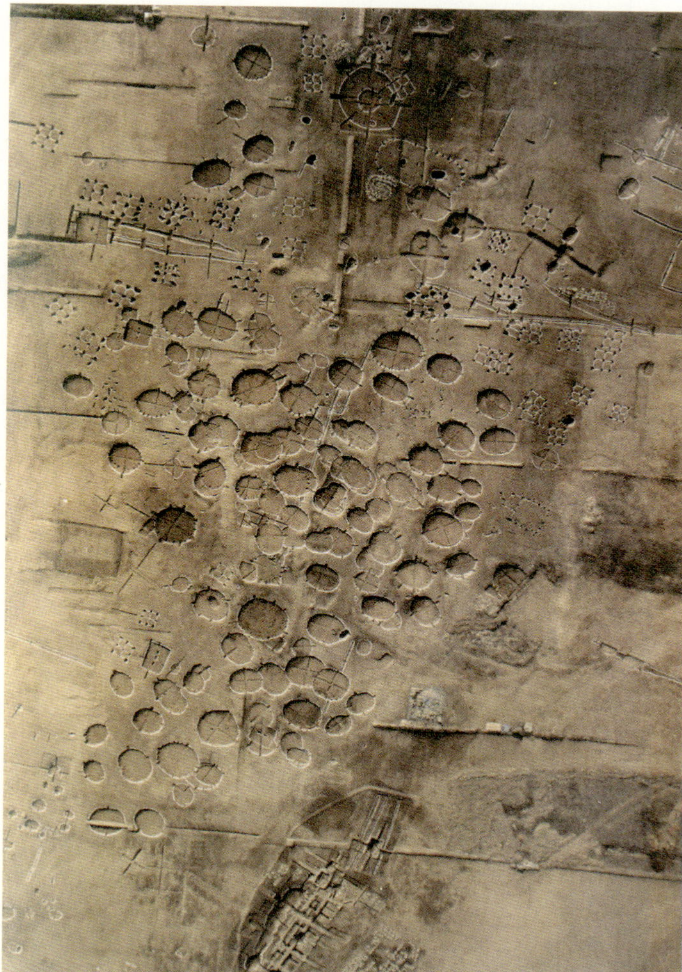

| 진주 평거동 주거지 전경(경남문화재연구원, 2010) |

戶在上 擧家共在中 無長幼南女之別)”(『삼국지』한전)

“그때 사람들은 거의 스스로 산과 들에 모여 살면서 우물을 파서 마시고 밭을 갈아서 먹었다.(多以自都山野 鑿井而飮 耕田而食)”(『삼국유사』 가락국기)

“임시 궁궐을 세우게 하여 거처했는데, 특히 질박하고 검소하여 짚의 이엉을 자르지 않았으며 흙 계단은 겨우 석 자였다.(創假宮而入御 但要質儉 茅茨不剪 土階三尺)”(『삼국유사』가락국기)

“즉위 2년 계묘(43년) 봄 정월에 왕은 말했다. “내가 도읍을 정하려고 한다.” 이내 임시 궁궐의 남쪽 신답평(新畓坪)에 가서 산악을 두루 바라보고 가까이 모시는 신하에게 말했다. “이 땅이 여뀌 잎처럼 협소하기는 하나, 산천이 기이하게 빼어나니 16나한이 살 만한 곳이오. 하물며 1에서 3을 이루고 3에서 7을 이루어 칠성이 살 곳으로도 이곳이 적합한데, 이 땅에 의탁하여 강토를 개척해서 마침내 좋은 곳이 됨에서랴.” 이에 1천5백 보 둘레의 외성과 궁궐과 전당 및 여러 관청의 청사와 무기고, 창고를 지을 장소를 마련한 후 일이 끝나자 궁궐로 돌아왔다.(二年癸卯春正月 王若曰 朕欲定置京都 仍駕幸假宮之南新畓坪 四望山嶽 顧左右曰 此地狹小如蓼葉 然而秀異 可爲十六羅漢住地 何自一成三 自三成七 七聖住地 固合于是 托土開疆 終然允臧歟 築置一千五百步周廻羅城 宮禁殿宇 及諸有司屋宇 武庫倉庫之地 事訖還宮 徵國內丁壯人夫工匠 以其月二十日資始金陽[湯] 三月十日役畢 其宮闕屋舍 俟農隙而作之)(『삼국유사』가락국기)

"무늬와 채색이 있는 자리에 재웠다.(寢之以文茵彩薦)"(『삼국유사』가락국기)

"그 나라는 집을 지을 때에 나무를 가로로 쌓아서 만들기 때문에 감옥과 흡사하다.(其國作屋 橫累木爲之 有似牢獄也)"(『삼국지』변진)

"변진은 진한과 뒤섞여 살며 성곽도 있다. (弁辰與辰韓雜居 亦有城郭"(『삼국지』변진)

"부엌은 모두 집의 서쪽에 있었다.(施竈皆在戶西)"(『삼국지』변진전)

지금의 집자리는 대부분 평지이다. 가야의 경우에는 평지보다는 작은 하천을 낀 골짜기나 낮은 구릉지에 마을이 형성되었다. 이것은 홍수피해를 적게 받고 물을 안정적으로 공급받기 위해서는 골짜기를 낀 장소가 적합하였기 때문이다. 마을 이름에 '골', '곡'이라는 글자가 붙어있는 것은 바로 이러한 주거조건이 지역명에 남은 흔적이다. 창원에 있었던 포상팔국의 하나였던 '골포국' 또한 골짜기를 끼고 있었던 바닷가에 자리잡은 나라였다.

가락국기에는 수로왕이 왕궁을 지을 터를 두고 '땅이 여뀌잎과 같이 좁다'고 묘사하고 있다. 가락국의 중심지인 김해의 봉황대나 대성동은 모두 구릉지에 자리잡고 있다. 그러다 저지대에 취락이 형성되기 시작한 것은 대체로 4세기대 이후이다. 창원 가음정동의 마을유적은 구릉으로 둘러싸인 소분지로 집수구역에 해당하는 저지대에 위치해 있고, 창원 반계동의 주거지 역시 낮고 평평한 대지위에 위치해 있다.

변한의 집은 나무를 가로로 쌓아서 만들기 때문에 감옥과 흡사하다고 한다. 뇌옥(牢獄)이라 함은 동물이나 죄수들을 가두는 '우리'와 같은 곳이다. '무덤과 같다[如冢]'라고 표현한 주거지보다는 한 단계 발전한 형태이다. 성긴 기둥에 나무를 가로질러 걸쳐 올린 벽체시설이 있는 집을 묘사한 것이기 때문이다.

무덤과 같은 집모양은 평면형태가 원형이라는 뜻이다. 즉 원형으로 된 주거바닥에 기둥을 원추형으로 올려 세워서 지

| 진주 평거동 원형 수혈 주거지(경남문화재연구원, 2010) |

붕을 지상까지 닿도록 한 움집형태이다. 원형 이외에 방형과 장방형도 다수 있다. 부엌은 모두 집의 서쪽에 설치하였다. 실제 발굴된 주거지의 화덕시설이 대부분 서쪽에 설비되어 있다. "거처에 어른과 아이, 남녀의 구별이 없다"는 표현은 오늘날의 소위 원룸과 같은 형태의 1칸짜리 구조를 말한다. 하지만 다수의 가족이 한 방에 생활하였다고 하여도 적절하게 공간을 분리하여 살았을 것이다.

사회가 발전하면서 주거의 형태도 달라졌다. 궁궐도 처음에는 일반서민의 것과 크게 다르지 않았다. 「가락국기」에는 "임시 궁궐을 세우게 하여 거처했는데, 특히 질박하고 검소하여

| 대가야 왕궁지 7호 건물지 |

짚의 이엉을 자르지 않았으며 흙 계단은 겨우 석 자였다."로 표현하고 있다. 이것은 『삼국지』한전에 "국읍에 비록 주수가 있으나 읍락에 잡거한다"는 것은 지배층들도 백성들과 섞여 살면서 비슷한 주거문화를 가지고 있었음을 알 수 있다.

하지만 사회가 발전하면서 계급간 주거문화의 차이가 생겨나기 시작했다. 「가락국기」에 보이는 "1천5백 보 둘레의 외성(外城)과 궁궐과 전당(殿堂) 및 여러 관청의 청사와 무고(武庫), 창고를 지을 장소를 마련한 후 일이 끝나자 궁궐로 돌아왔다."라는 기록에서 알 수 있다. 수로왕이 새로운 왕궁을 신축하면서 지배자의 공간과 일반인의 주거지가 구별하고 건축물에도 그 차이가 발생했던 것이다. 궁궐과 관청, 무기고, 창고 등이 들어서고 있으며, 이들을 둘러싼 외성도 존재하고 있다. 외성의 모양은 목책, 토성, 환호와 같은 방어시설을 가리킨다. 왕궁이나 관공시설은 단순히 주거를 위한 공간은 아니었으므로 이 건물들을 이용하는 계층들의 주거지가 주변에 생겨나고, 이 지역은 일반인의 주거지와 구별되었다.

이외에 회의시설같은 공공건물도 생겨났다. 『일본서기』의 기록에 의하면 아라가야[경남 함안]에 '고당(高堂)'이라는 건물이 등장하고 있다.

"안라는 새로이 고당을 짓고, 칙사를 인도하여 올라가는데, 국주는 뒤따라 계단을 올라갔고, 국내의 대인으로서 미리 고당에 오른 사람은 하나둘이었으며, 백제사신 장군군 등은 뜰에 있었다.(安羅新起高堂 引昇勅使 國主隨後昇階 國內大人 預昇堂者一二 百濟使將軍君等 在於堂下)"『일본서기』계체기 23년(529)

고당은 529년 아라가야에서 개최된 국제회의를 위해 새로 축조한 건물이다. 이 건물은 '계단을 올라간다'라는 표현으로 보아 고상건물이었다. 이 건물은 국제회의가 개최된 건물이므로 회의를 개최할 수 있는 공간과 숙소 등 부대시설이 달린 건축물이었을 것으로 추정된다. 고당으로 추정되기도 하는 건물지가 가야읍 도항리에서 발굴되었다. 대형고상건물지인데 전체길이 40m, 너비가 16m 남짓이었다. 건물지가 초대형이고 평면이 타원형 모양인 것으로 보아 일상적인 생활공

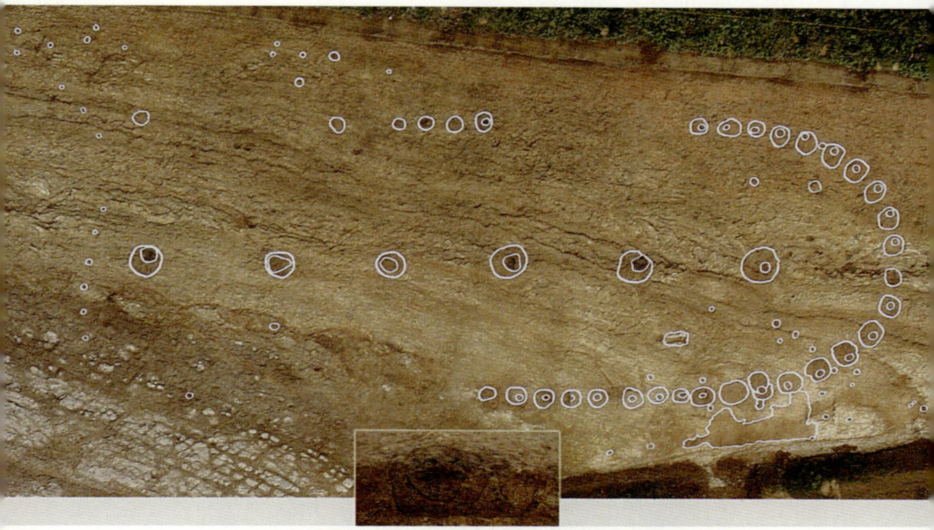

| 함안 충의 공의 부지 대형고상 건물지 전경(동아세아문화재연구원, 2006) |

| 고상건물 모양토기(박천수, 2010) |

간이라기보다는 최고위 지배층의 특수용도로 사용되는 공공건물이었을 가능성이 높다. 아라가야 왕궁지로 추정되고 있는 곳과 가까운 곳에 입지하고 있는 것도 눈여겨볼 만하다.

고상가옥형태도 볼 수 있다. 아래에 기둥으로 된 하부구조를 가진 것으로 상부구조는 벽체시설과 지붕 등 일반 가옥의 형태와 다르지 않다. 습기와 동물 등의 피해를 막기 위한 전형적인 남방식 주택이다. 집모양토기에도 고상가옥의 형태가 보인다.

| 고령 성산동 고분에서 출토된 고둥담긴 항아리(계명대학교 행소박물관, 2006) |

인간은 죽은 뒤의 삶에도 관심이 많았다. 그래서 무덤을 만들었다. 살았을 때와 다름없이 죽음의 공간인 무덤속에 많은 껴묻거리를 묻었다. 이 역시 살았을 때의 신분에 따라 달랐다.

"장사를 지내는데 곽은 있으나 관은 없다.(其葬有槨無棺)"(『삼국지』한전)

| 함안 말이산 고분군(창원대학교박물관, 2006) |

무덤자리 역시 이동하고 있다. 3세기까지만 해도 취락 가까이 위치하고 있던 무덤이 4~5세기 이후에는 취락과 분리되어 구릉지 사면으로 올라가고, 대형봉분을 가진 무덤의 경우 구릉지 정상부에 자리잡고 있다.

3. 가야사람들의 의례와 습속

1) 혼인-가야의 국제결혼

가야의 결혼 풍속을 알 수 있는 자료는 드물다. 다만『삼국지』변진조에 "혼인하는 예법은 남녀의 분별이 있었다(嫁娶禮俗 男女有別)."라는 기록만 있다. 하지만 그 내용은 알 수 없다. 다만 수로와 허황옥의 결혼, 대가야와 신라의 왕실혼을 통해서 가야 지배층의 혼인 풍습을 엿볼 수 있다.

건무24년 무신년(48년) 7월 27일에 구간들이 왕을 뵙고 말씀을 올렸다.

"대왕께서 하늘에서 내려오신 이래 좋은 배필을 아직 얻지 못하셨습니다. 청하건대 신들의 딸들 가운데 가장 좋은 사람을 뽑아서 궁궐로 들여 왕비로 삼으시기 바랍니다." 왕은 말했다. "내가 이곳에 내려온 것은 하늘의 명령이다. 나의 짝이 되어 왕후가 될 사람도 역시 하늘에서 명할 것이니, 그대들은 염려하지 말라."

드디어 유천간에게 명령하여 가벼운 배와 좋은 말을 주어 망산도(望山島)에 가서 기다리게 하였다. 또 신귀간에게 명령하여 승점(乘岾)으로 가게 했는데, 갑자기 바다의 서남쪽 모퉁이로부터 붉은 돛을 단 배가 붉은빛 깃발을 휘날리며 북쪽으로 향해오고 있었다. 유천간 등이 먼저 망산도 위에서 횃불을 올리니 배 안의 사람들이 앞다투어 달려왔다. 승점에 있던 신귀간이 이것을 바라보고 대궐로 달려가 아뢰니 왕이 이 소식을 듣고 기뻐했다.

곧 구간 등을 보내어 목련(木蓮)으로 만든 노를 가지런히 하고,

계수나무로 만든 노를 들어서 맞이하게 하였다. 곧 모시고 대궐로 들어가려고 하니, 왕후가 말하기를, "나는 너희들을 평생 알지 못하는데 어찌 경솔하게 따라가겠느냐?" 라고 하였다.

유천간 등이 돌아가서 왕후의 말을 전하니, 왕은 그 말을 옳다고 여겨 관리들을 거느리고 행차하여, 궁궐로부터 서남쪽 60보가량 되는 곳의 산기슭에 장막을 치고 왕후를 기다렸다. 왕후도 산 너머의 별포(別浦) 나루터에 배를 매어 두고, 육지로 올라와서 높은 언덕에서 쉬었다. 그리고 자기가 입었던 비단바지를 벗어서, 그것을 폐백 삼아 산신에게 바쳤다.

그 나라에서부터 시종(侍從)하여 온 신하가 두 사람이었는데, 신보(申輔)와 조광(趙匡)이고, 그들의 아내 두 사람은 모정(慕貞)과 모량(慕良)이며, 노비가 20여 명이었다. 가지고 온 각종 비단과 의복, 금 · 은 · 주옥과 구슬, 보물과 그릇들이 이루 다 기록할 수 없었다.

왕후가 점차 행궁(行宮)으로 가까이 오자, 왕이 나아가 맞이하여 함께 장막으로 들어왔다. 왕후를 따라온 신하들과 이하의 여러 사람들은 계단 아래에서 임금을 뵙고 즉시 물러갔다. (중략) 이에 왕은 왕후와 함께 잠자리에 들었다.(『삼국유사』 가락국기)

"법흥왕 9년(522) 봄 3월에 가야국왕이 사신을 보내어 혼인을 청하였다. 왕이 이찬 비조부의 여동생을 보내었다.(九年 春三月 加耶國王遣使請婚 王以伊比助夫之妹送之)"(『삼국사기』 신라본기)

"가라왕이 신라왕녀에게 장가들어 아이를 낳았다. 신라가 처음 딸을 시집보낼 때 100명의 사람들을 함께 보내어 그녀의 종으로

삼았다.(加羅王娶新羅王女 遂有兒息 新羅初送女時 并遣百人 爲女從)"『일본서기』 계체기 23년(529)

"대가야국 월광태자는 정견의 10세손이다. 아버지는 이뇌왕인데, 신라에 구혼하여 이찬 비지배의 딸을 맞아 태자를 낳았다.(大伽倻國 月光太子 乃正見之十世孫 父曰異腦王 求婚于新羅迎夷粲比枝輩之女 而生太子)"『신증동국여지승람』 고령현)

삼국은 혼례절차가 대체로 간소하였다. 고구려의 경우 남자의 집에서 돼지고기와 술을 보낼 뿐 재물을 보내지는 않았다. 재물과 폐백을 받을 경우 딸을 종으로 팔았다는 비난을 받기도 했다. 그러나 왕실을 포함한 지배층의 경우는 일반 백성과 달랐다.

인도로부터 왔다는 수로왕비 허황옥은 많은 재물과 사람을 데리고 김해로 왔다. 시종으로 따라온 신하 2명과 그들의 부인, 그리고 노비가 20여 명이었다. 폐백을 가져온 각종 비단과 의복, 금 · 은 · 주옥과 구슬, 보물과 그릇들은 너무 많아 기록할 수 없을 정도였다고 한다.

대가야의 월광태자와 신라의 이찬 비조부의 여동생 혹은 딸과의 결혼에는 폐백으로 가져온 물품은 알 수 없지만, 100여명의 사람을 종으로 삼아 함께 딸려 보냈다고 한다. 대가야의 혼인요청으로 이루어진 결혼이지만 많은 사람으로 종으로 딸려 보낸 것을 보면 폐백물품 또한 적지 않았을 것이다. 혼인을 위해 지참한 폐백은 단순하게 예의로 가져가는 선물 이상의 의미로서 폐백이 부와 명예의 과시이기 때문에 신라 최고 지배층인 비조부가 딸을 시집보내면서 폐백을 등한시 하였을 가능성은 적다. 종으로 따라온 100여명의 사람이 폐백 그 자체로 볼 수도 있다. 노비의 경제적 가치로 볼 때 이들을 농사짓게 하면 농산물을 얻을 수 있으며, 이들을 무장시키면 군사력으로 활용할 수도 있기 때문이다.

수로왕과 허황옥, 월광태자와 신라 귀족의 딸, 이 두 결혼은 국제결혼이었다. 수로왕과 월광태자가 외국의 여자와 결혼한 이유는 무엇이었을까? 수로왕이 허황옥과 결혼한 것은 국가의 건국과정에서 힘있는 정치집단과의 결합을 통하여 정치기반을 마련하고, 지배의 정당성을 확보하려는 목적이었다. 허황옥은 아유타국의 공주라는 신분이었고, 그녀가 가져온 폐백은 그녀가 속했던 정치집단의 경제력을 보여주는 것에 다름 아니다. 이러한 정치집단과의 결혼은 수로왕 중심의 국가체제를 유지하는 데 커다란 도움이 되었을 것이다.

월광태자와 신라 귀족집안 자녀와의 결혼 또한 정략적 의도가 다분하다. 6세기 초반 대가야는 백제가 가야지역으로 진출하는 과정에서 영역이 축소되었고, 백제와 대립하는 상황이 되었다. 이와 같은 상황을 극복하기 위해서는 인근 신라와의 우호적인 관계유지가 필요했다. 이것이 신라와 국제결혼을 요청한 이유였다.

2) 장송의례

"큰 새의 깃털을 사용하여 장사를 지내는데, 그것은 죽은 사람이 새처럼 날아다니라는 뜻이다.(以大鳥羽送死 其意欲使死者飛揚)"(『삼국지』변진)

"마침내 대궐의 동북쪽 평지에 빈궁을 세웠다. 높이는 한 발이요 둘레는 3백 보인데, 그곳에 장사지내고 수릉왕묘라고 했다.(遂於闕之艮方平地 造立殯宮 高一丈 周三百步而葬之 號首陵王廟也)"(『삼국유사』가락국기)

변한에는 장사를 지낼 때 큰 새의 깃털을 사용하였다고 한다. 즉 "죽은 자가 잘 날아갈 수 있도록"하려는 의도였다. 새는 하늘과 땅을 이어주는 매개로서 사람이 죽어서 하늘로

| 울산중산리 출토 오리모양토기(창원대학교박물관, 2011) |

간다는 그들의 생각을 잘 보여주는 것이다. 이러한 정신세계는 무덤에 오리모양의 토기가 껴묻거리로 부장되어 있는 것에서도 잘 알 수 있다. 울산 중산리에서 조사된 무덤에서 오리모양이 잘 형상화된 토기가 조사되었다.

장례절차를 보여주는 기록도 있다. 가락국기에는 수로왕이 죽은 다음 빈궁을 만들었다고 한다. 빈궁은 장례를 치를 동안 시신을 안치해 두는 곳이므로 이중장을 한 것으로 해석할 수 있다. 나중에 빈궁을 사당으로 삼아 '수릉왕의 사당'이라고 불렀으므로 무덤을 다른 곳에 조성했다는 것은 분명하다.

| 고령 지산동 고분군 순장복원도(이소정 · 원성현, 2010) |

기록은 보이지 않지만 가야에는 순장의 풍습도 있었다. 발굴을 통해 가장 많은 순장사례가 확인되고 있다. 고령 지산동고분군, 김해 대성동고분군, 함안, 창녕, 합천, 함양의 대형고분에서 순장의 흔적과 인골이 발견되고 있다. 최근 창녕 송현동 고분에서는 16살 소녀로 추정되는 인골이 조사되기도 했다.

이러한 장송의례는 죽은 자에 대하여 배려하는 마음이 담겨있으며, 현세의 삶이 내세의 삶으로 이어진다는 계세사상을 보여준다.

3) 제사

제사 풍습도 잘 나타나고 있다.

"오월에 씨를 뿌리고 난 뒤 귀신에게 제사를 지낸다…시월에도 농사를 끝낸 후 똑같이 한다. 귀신을 믿는다.(常以五月下種訖 祭鬼神…十月農功畢 亦復如之 信鬼神)"(『삼국지』 한전)

"국읍에 각각 한 사람을 세우고 천신에 대한 제사를 주관하게 했는데 천군이라 한다. 또 각 소국에는 별읍이 있어 소도라 부른다. 방울과 북을 매단 큰 나무를 세워서 귀신을 섬겼다.(國邑各立一人主祭天神 名之天君 又諸國各有別邑 名之爲蘇塗 立大木 縣鈴鼓 事鬼神)"(『삼국지』 한전)

"백제가 사신을 보내 임나집사와 일본부집사를 불렀으나 제사 때가 되었으므로 제사를 마친 후에 가겠다고 하였다.(百濟國遣使召任那執事與日本府執事 俱答言 祭神時到 祭了而往)"『일본서기』 흠명기 5년(544) 1월)

귀신에 제사를 지낸 것은 봄에 씨를 뿌리고 난 이후나, 농사를 끝난 이후이다. 그리고 뱃길을 무사히 가도록 기원하는 제사의례도 있었다. 오월제사는 농사의 풍요를 기원하는 의미이고, 시월의 제사는 추수감사제에 다름아니다.

진한과 변한의 경우는 언어와 법속 등은 서로 비슷하였으

| 함안 오곡리 출토 물고기뼈가 담긴 고배(경남문화재연구원, 2007) |

나 귀신을 제사지내는 것은 서로 달랐다고 하지만, 진한, 변한 모두 귀신에 제사지내는 풍습은 있었다. 그리고 가야는 한해가 시작되는 정초에도 제사를 지냈다. 백제 성왕이 554년 정월 가야의 최고지배층들을 사비로 소집하였지만, 가야의 지배층들은 제사를 핑계로 성왕의 부름에 응하지 않았다는 것에서 알 수 있다.

4) 불교의 수용

고대국가가 발전하는 과정에서 다양한 정치집단이 하나의 국가로 통합되기 시작했다. 진한의 경우 사로국이 인근의 진한 소속 여러 나라를 복속하여 '신라'라는 고대국가로 발전했다. 즉 사회발전의 정도와 문화계통이 다른 여러 사회가 한 국가의 영역에 편입된 것이다. 이를 계기로 한 국가내의 계급분화가 복잡해지고, 계급과 신분간의 사회경제적 조건도 다양해졌다.

이러한 상황에서 고대국가 초기의 지배체제를 정당화했던 건국신화는 더 이상 사회질서를 유지하는 이념적 지주가 되지 못했다. 이제 현실사회에서의 신분 · 계급관계, 세력가의 우열관계에서 발생한 모든 문제는 새로운 관념과 논리가 요구되었다.

4세기이후 고구려, 백제, 신라의 삼국에서 이루어졌던 율령체제의 정비, 역사의 정리와 편찬, 불교의 수용과 전파는 이러한 사회적 요구를 반영하는 것이다. 율령정비는 다원화된 사회와 그 구성원에 대한 일률적인 지배체제의 확립에 기여했으며, 역사편찬은 역사적 사실들로 가득한 건국신화와 시조전승들을 시대의 합리성에 맞게 역사적 언어와 논리로 정리되어 고대국가 지배체제의 정당성을 마련해 주었다. 불교수용은 역사적 언어로 전환되지 않은 신화적 관념과 그 외적 표현인 제의체계가 재활용될 수 있는 계기가 되었다.

불교가 이제 신화를 대체하게 된 것이다. 불교는 비교적 소박한 인간관과 자연관을 바탕으로 성립한 신화적 내세관이나 제의체계와 달리 매우 정교한 논리를 담고 있는 사유체계이며, 다양한 문화를 포함하고 있는 복합체였다. 불교는 확대된 영역 안의 다양한 지역과 사회, 계층과 신분에 보편적으로 적용시킬 수 있는 관념체계이자 종교의례였기 때문에 고대국가의 최고 지배층인 왕의 관심을 끌기에 충분했다.

| 전의령출토 연가7년명금동여래입상 |

고구려, 백제, 신라의 불교 전래과정은 기록을 통하여 잘 드러나고 있다. 하지만 가야의 불교전래에 대해서는 의견

이 다양하다. 기록이 남아있지 않기 때문이다. 우선 불교에 대한 자료가 절대적으로 부족하다. 『삼국유사』의 단편적 자료뿐이며 그 외의 다른 자료는 모두가 전승설화에 불과하다. 그나마도 김해지역의 가락국에 집중되어 있어 가야불교의 수용과 전개과정을 이해하기에는 많은 어려움이 있다.

| 김해 불모산 장유사 |

『삼국유사』의 기록대로라면 이미 가야 건국 초기인 기원 1세기 중반에 불교가 전래되었다고 한다. 전승설화에는 불교와 관련된 구체적인 인명이 나올 뿐만 아니라 불교에 대한 이

해도 높은 수준이었다. 하지만 김해 가락국의 수로왕 당시는 삼국이 불교를 수용했던 것처럼 왕권강화에 따른 중앙집권적인 체제가 성립되면서 새로운 지배이념이 요구되던 사회가 아니었다. 따라서 『삼국유사』의 기록에서 보이는 기원 1세기 때의 가야불교는 존재하지 않았을 가능성이 높다.

김해 가락국의 불교전래 사실을 보여주는 근거가 되고 있는 것이 수로왕의 왕비였던 허황옥이다. 허황옥은 이미 불교가 일반화되어있던 인도의 아유타국으로부터 왔으므로 이 시기에 가락국에 불교가 전파되었다고 추정한다. 하지만 당시의 한반도 상황으로 보아 인도와의 교류를 믿을 수 없다. 따라서 허황옥이 인도로부터 왔을 가능성은 희박하다. 또한 가락국기의 내용은 가야에 불교가 전래된 이후 허황옥의 출신이 불교적으로 윤색되었을 가능성이 크다.

또한 고대국가에서 불교의 수용이 가지는 의미는 불교가 왕권강화과정에서 사상적 뒷받침이 되었다는 것으로 볼 때 수로왕대인 기원1세기 경에 가락국에 불교가 수용되었다는 것은 믿을 수 없다.

가락국 불교의 전래시기를 유추해 볼 수 있는 것은 다음 자료이다.

"제8대 질지왕 2년(452) 임진에 이르러 비로소 그곳에 절을 세우고 또 왕후사를 창건하여 지금까지 복을 빌고 있으며 겸하여 남왜를 진압하고 있으니 본국본기에 자세히 보인다.(第八代銍知王二年壬辰 置寺於其地 又創王后寺 至今奉福焉 兼以鎭南倭 具見本國本

記)"(『삼국유사』 금관성파사석탑)

"시조모인 허황후의 명복을 받들고자 수로왕과 황후가 합혼한 곳에 절을 지어 왕후사라 이름하였으며, 평전 10결로써 삼보에 공양하는 비용으로 쓰게 하였다.(爲世祖許黃玉王后 奉資冥福 於初與世祖合御之地創寺 曰王后寺 納田十結充之)"(『삼국유사』 가락국기)

5세기대 가야는 국가적으로 불교를 수용하고 있던 고구려, 백제와 관계를 맺으면서 고대국가의 면모를 갖추어 가고 있었다. 400년에 가야는 고구려와 전쟁을 통해 접촉하였고, 백제와의 교섭은 빈번하게 전개되고 있었다. 따라서 왕후사가 건립된 452년 정도에 김해지역에 불교가 전파되었을 가능성이 높다. 하지만 가야지역 전체에 불교가 수용되었다고 볼 수는 없다. 가야의 여러 나라들은 각자 분립된 상태로 존재하고 있었으므로 나라마다 상황이 달랐을 것이다.

가야불교의 전래 루트는 어디였을까? 백제, 고구려, 신라로부터 전래되었을 가능성이 높다. 백제와 신라는 가야와 이웃하고 있었고, 고구려는 전쟁 등을 통해 가야와 접촉하고 있었기 때문이다. 하지만 정확하게 어느 나라로부터 불교가 수용되었는지 단정지을 수는 없다.

5) 삶을 말해주는 다양한 습속

"어린 아이가 출생하면 곧 돌로 그 머리를 눌러서 납작하게 만들려 하기 때문에 지금도 진한사람의 머리는 납작하다.(兒生 便以石壓其頭 欲其編(扁) 今辰韓人皆編頭)"(『삼국지』변진)

"왜와 가까운 지역이므로 남녀가 모두 문신을 하기도 한다.(男女近倭 亦文身)"(『삼국지』변진)

"그들의 풍속에는 길에서 만나는 사람은 모두 길을 양보한다.(其俗 行者相逢 皆住讓路)"(『삼국지』변진)

편두는 실제 유물에서 확인되고 있다. 김해 예안리 고분군에서 인위적으로 납작한 모양으로 변형된 두개골이 출토되었다. 예안리 고분의 여성인골 가운데 30%가 편두였고, 주로 특수 신분의 일부 여성에게 행해진 것으로 추정되고 있다. 가야사람들에게 문신은 왜의 영향을 받은 것으로 볼 수 있다. 왜와 자주 교류했던 일부 해안지역에서 나타나는 습속이었을 것이다. 문신을 했던 이유는 바다에서 조개와 고

| 김해 예안리 고분군 대성동 고분군 출토 편두 두개골(대성동고분박물관, 2003) |

기를 잡을 때 큰 물고기나 수중동물들의 피해를 막기 위한 것이었다. 왜에서는 문신을 하는 것이 예절이 되었고, 지역에 따라 문신을 하는 위치나 크기에 차이가 있었다. 하지만 가야의 경우 일부 해안지역에서 유행한 정도였을 것으로 추정된다.

길위에서 만나는 사람들이 서로 양보하는 습속은 수준높은 공동체사회의 미덕을 보여주는 예이기도 하다.

'계욕(禊浴)'의 습속도 있었다. 이것은 액을 떨어버리기 위해 몸을 깨끗이 하는 의식을 말한다. 『삼국유사』가락국기조에는 3월의 계욕일에 수로왕을 추대했다는 기록이 보인다. 계욕일은 언제나 3월 상사(上巳)일이다. 상사일은 3월중 첫 사일(巳日)을 말한다. 사일이란 매년 일정한 날이 될 수 없다. 그래서 중국에서 위진(魏晉)이래로 상사일을 3일로 고정시켰다. 우리 민속에서도 3월 3일을 삼짇날이라 하여 소명절(小名節)로 삼고 있어 그 유래가 오래다. 계욕이란 계음(禊飮) 혹은 계음연(禊飮宴)이라고 한다. 계는 볼계(祓禊)란 말이다. 볼계는 제계목욕(齋戒沐浴)하여 심신을 맑게 하고 천지신명에게 재앙을 물리치고 복을 구하기 위하여(禳災求福) 치성(致誠)을 드리는 제의(祭儀)라고 한다. 계욕은 재생과 부활의 관념에 기초하여 행해졌던 고대사회의 제의이기도 했다. 어렵고 길었던 겨울을 극복하고 만물이 부활하는 봄날에 새로운 생명의 탄생을 북돋아 주어야 한다는 기원이 담긴 것이다.

계욕일이 수로왕의 등장에 부쳐지게 된 것은 계욕제라는 3월의 연중행사가 가지는 의미가 새로운 왕자의 탄생이라는 이미지와 맞아 떨어지는 것이기 때문이다. 신라의 시조신 박혁거세의 탄생도 3월의 첫째날인 계욕일인데, 동천(東泉)에서 목욕시켰더니 몸에서 광채가 났다는 기록을 통해서도 계욕제가 가지는 의미를 알 수 있다.

6) 음악

다른 민족도 크게 다르지는 않겠지만, 우리 민족은 까마득한 옛날부터 노래 부르고 춤추는 것을 즐겼다. 지금도 도시의 곳곳에 노래방이 있고, 많은 사람이 모이는 자리는 항상 노래로 이어진다.

"오월에 씨를 뿌리고 나서 귀신에게 제사지내는데 모두 모여서 밤낮없이 술마시고 노래하고 춤춘다. 그 춤의 모양은 수 십 명이 길게 줄을 지어 땅을 딛으면서 낮게 걸어가며, 손뼉을 치면서 절도 있게 박자를 맞추는 것이 방울춤과 비슷하다. 10월에 농사일을 다 마치고 나서 똑같이 되풀이한다.(常以五月下種訖 祭鬼神 群聚歌舞飮酒晝夜無休 其舞 數十人俱起相隨 踏地低昂 手足相應 節奏有似鐸舞 十月農功畢 亦復如之 信鬼神)"(『삼국지』 한조)

"그 나라의 풍습은 노래하고 춤추며 술마시기를 좋아한다. 비파가 있는데 그 모양은 축과 같고 연주하는 음곡도 있다.(俗喜歌舞飮酒 有瑟 其形似筑 彈之亦有音曲)" (『삼국지』 변진)

"너희들은 이 산 꼭대기의 흙을 손에 쥐고 '거북아, 거북아, 머리를 내놓아라. 내놓지 않으면 구워 먹겠다'라고 노래하고 춤을 추어라. 그러면 곧 하늘에서 대왕을 맞이하여 너희들은 매우 기뻐서 춤추게 될 것이다." 구간들은 그 말을 따라 마을 사람과 함께 모두 기뻐하면서 노래하고 춤추었다. 얼마 후 우러러 하늘을 바라보니, 자주색 끈이 하늘로부터 드리워져 땅에 닿았다.(爾等須掘峯頂撮土歌之云 龜何龜何 首其現也 若不現也 燔灼而喫也 以之蹈舞 則是迎大王 歡喜踴躍之也 九干等如其言 咸而歌舞 未幾 仰而觀之 唯紫繩自天垂而着地 尋繩之下) (『삼국유사』 가락국기)

"가야금은 중국악부의 쟁을 본떠서 만들었다…가야금은 비록 쟁과 그 제도가 조금 다르나 대개는 비슷하다.…가야국의 가실왕이 당의 악기를 보고 그것을 만들었다. 왕은 "여러 나라의 방언이 각기 다르니 음악이 어찌 한결같을 수 있으랴?" 하고는 악사 성열현 사람 우륵 에게 명하여 12곡을 짓게 하였다.(加耶琴 亦法中國樂部箏而爲之 …加耶琴 雖與箏制度小異 而大似之…加耶國嘉實王 見唐之樂器 而造之 王以謂 "諸國方言各異 聲音豈可一哉" 乃命樂師省熱縣人于勒 造十二曲)"(『삼국사기』 악지)

고대사회부터 '음주가무'는 집단축제와 함께 했고, 축제에는 제사 의식이 함께 했다. 제사의 목적은 공동체의 풍요와 다산(多産)이었다. 축제와 제사는 곡식이 잘 자라기를 소원하고, 추수 후에는 수확에 대하여 신에게 감사하는 표현이며, 노동력의 확보와 공동체 유지를 위한 다산을 기원하는

| 창원 대평리 출토 컵모양 토기(창원대학교박물관, 2011) |

것이었다. 농경사회에서 공동체의 삶에 절대적인 영향을 미치는 것은 하늘을 비롯한 자연이었다. 자연속의 신들이 천신, 지신, 수신, 산신 등이다. 이들을 맞이하고 즐거워하며, 신에게 소망을 비는 모든 행위 과정에서 음주가무가 이루어졌다. 동예의 무천(舞天), 고구려의 동맹(東盟), 부여의 영고(迎鼓) 등이 바로 그것이다.

가야의 전기에 해당하는 변한에서도 공동체의 구성원 모두가 참여하는 집단 축제가 있었다. 농사를 짓기 시작하는 5월, 추수시기인 10월에 축제가 펼쳐졌다. 모두 모여 귀신에 제사지내고, 밤낮으로 쉬지 않고 술 마시고, 춤추고 노래했다. 춤을 출 때는 수십 명이 장단에 맞춰 절도있게 박자를 맞추었다.

김해 가락국의 건국신화에도 집단축제가 있었다. 새로운 임금을 맞이하는 간절한 소망을 이루기 위해 함께 노래하고 춤추었다. 노래와 춤, 음주, 흙을 쥐는 행위 등이 동시에 행해지는 종합예술의 형태였던 것이다.

이러한 축제에는 악기가 사용되기도 했다. 비파[瑟]인데, 축과 비슷하다고 한다. 축이라는 악기도 여러 형태가 있어 어떤 모습인지 알 수가 없다. 광주 신창동 유적에서 조사된 십현금(十絃琴)과 비슷했을 것으로 추정된다. 이와 비슷한 악기가 토우에서도 보여진다. 악기를 연주하는 토우의 모습으로 볼 때 앉은 상태에서 무릎위에 악기를 놓고 연주했을 것으로 추정된다.

더 나아가 가야후기 즉 6세기대에 가야금이라는 악기를 이용해서 악곡을 작곡하고 연주하는 데까지 이르게 된다. 음악을 전문으로 하는 사람들이 등장하고, 그들에 의해 작곡과 연주 활동이 이루어진다.

가야금이라는 악기는 중국의 쟁을 본떠서 만들었는데 가야금을 만든 사람은 가야의 가실왕이었다. 물론 왕이 직접 악기를 만들지 않았을 가능성이 높으므로 우륵이 가야금을 만들었을 가능성도 있다. 가야금은 복잡한 구조와 형태를 가진 악기이다. 이러한 악기의 제작은 가야의 문화적 수준

| 광주 신창동 출토 금 |

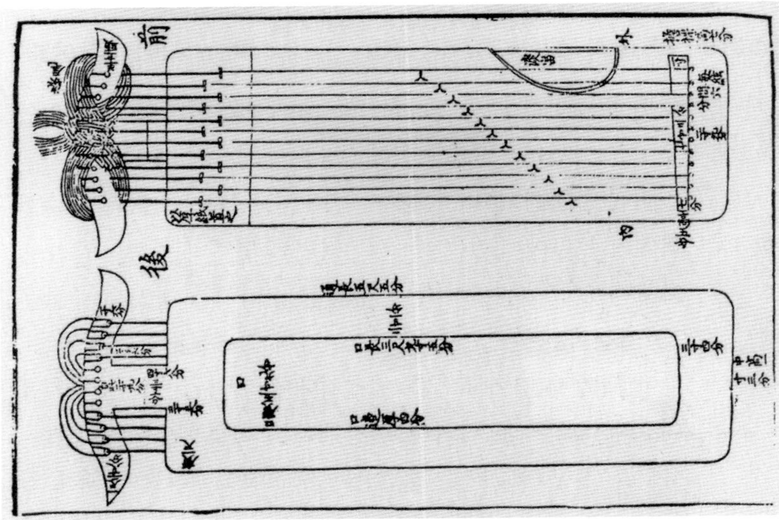

|『악학궤범』의 가야금 |

이 상당한 수준에 이르렀음을 알 수 있다.

우륵은 12곡을 지었다. 가실왕이 가야의 여러 나라들이 각각 그 소리내는 것이 다르므로 하나로 하기 위하여 우륵으로 하여금 12곡을 짓게 했다. 12곡의 제작동기에 대해서는 다양한 입장이 있다. 크게 보면 문화적 목적이 었는가, 정치적 목적이었는가로 나뉘어진다.

전자는 12곡이 우륵의 창작이 아니라 이미 존재하고 있던 지방악들을 우륵이 정리했다고 보기도 하고, 각 지역의 상이한 언어를 음악에 의해 통일하려 한 것이라는 견해도 있다. 가실왕이 가야 여러나라의 이름을 소재로 삼아 음악을 만들어 연주하게 한 것은 대가야의 가야지역에 대한 패권의식이 관념적으로 자리잡고 있었다기보다는 가실왕의 문화에 대한 높은 안목과 이해, 예술에 대한 애착으로 해석하기도 한다. 즉 12곡명 가운데 사자기(獅子伎)와 같은 놀이명이 들어 있는 것은 그 예이다. 이러한 문화를 바탕으로 우륵과 같은 교양과 기량과 자의식을 두루 갖춘 뮤지션이 나올 수 있었던 것이다.

물론 12곡의 제작의도가 문화적 측면에서 볼 수도 있지만, 가실왕의 명령으로 12곡이 제작되었고, 곡명의 대부분은 당시 가야 여러 나라의 이름으로 비정되고 있으므로 당시 대가야의 상황에 따른 정치적 목적이 게재되어 있었을 가능성이 높다. 대부분의 가야사연구자들은 12곡이 정치적 목적으로 제작된 것으로 이해하고 있다. 즉 여러 나라로 나뉘어 있었던 가야의 분립상황을 극복하고 단일한 통일체로의 지향을 반영하고 있다고 풀이하고 있다.

가야의 분열상태를 말해주는 것은 "여러나라의 방언이 각각 그 소리 내는 것이 다르니 하나로 할 수 없겠는가(諸國方言各異 聲音豈可一哉)"라는 가실왕의 말에서도 알 수 있다. 가실왕은 가야의 분열상황을 극복하기 위하여 먼저 여러 나라의 방언을 하나로 통합하려 하였고, 그것을 위한 가장 유효

| 광주 신창동 금 복원품 |

한 수단으로 음악을 활용했던 것이다. 물론 12곡의 제작의도에는 대가야의 쇠퇴 속에서 내부의 정치개혁을 통한 새로운 발전을 도모하려던 목적도 있었을 가능성도 있다.

| 필자 : 남재우 |

Ⅱ.
가야사람들의 옷과 장신구

1. 가야사람들은 무엇을 입었을까?
2. 장신구를 통해 본 가야사람들의 아름다움
3. 말도 갑옷을 입다

1. 가야사람들은 무엇을 입었을까?

1) 의복의 발생

왜, 사람들은 옷을 입었을까? 옷은 추운 기후와 거친 환경으로부터 몸을 보호하고, 신체의 중요한 부위를 가려주어 수치심을 면하게 해준다. 몸을 아름답게 치장하거나 매력을 표출하는 데 도움을 주기도 한다. 또한 옷은 신분과 부의 표현이기도 하므로 자신의 존재감과 자부심을 더해 주는 것이기도 하다.

옷은 언제부터 입었을까?

우리나라 구석기시대 유적에서는 의복과 관련된 흔적이 발견되지 않아 의생활을 알 수 없다. 하지만 구석기사람들도 나뭇잎과 나무껍질 그리고 동물의 가죽이나 털로 몸을 가리고 추위로부터 몸을 보호했으리라 짐작된다.

신석기시대부터 옷이 만들어지기 시작했다. 평안남도 온천 궁산리 유적에서 나온 삼껍질로 만든 실이나 함경북도 웅기 서포항 유적에서 발견된 뼈바늘과 바늘통은 의생활을 말해주는 유물이기 때문이다.

신석기사람들은 처음에는 뼈바늘을 써서 나무껍질이나 짐승의 가죽을 원 상태 그대로 꿰메어 옷을 만들어 입었을 것으로 추정된다. 그러다 돌이나 흙으로 만든 가락바퀴를 이용하여 짐승의 털이나 삼 등의 재료에서 실을 만들어 내고, 옷감을 짜서 옷을 만들었던 것으로 보인다. 이렇게 옷을 만들어 입고서 동물의 어금니, 조개껍데기, 구슬로 만든 꾸미개로 옷을 치장하기도 하였다.

청동기시대 사람들의 옷

청동기시대 사람들의 의복은 신석기시대보다 나아졌다. 청동기시대 의생활의 흔적을 통해서 알 수 있다. 부여 사람들이 살던 곳에서는 양털과 개털을 이용한 직물과 청동제 빗이 발견되었고, 두만강 유역에서는 청동 구슬에 꿰어 있는 삼베가 발견되기도 하였다. 이것은 우리 민족이었던 예맥(濊貊)사람들이 이미 원시적인 방직기술을 사용했고, 상층 계급에서는 짐승의 털이나 가죽, 섬유를 이용해 옷을 해 입었다는 사실을 말해 준다. 이처럼 청동기시대에 권력과 경제력을 가질 수 있었던 족장이나 그들의 가족들은 권위를 표시하기 위해 의복을 갖추었을 것으로 짐작된다.

옷을 만든 도구들 - 골제바늘(골침)과 방추차

골제바늘은 후기구석기부터 사용되나 우리나라에서는 신석기시대부터 출현하여 삼한시대까지 사용된다. 사슴의 뿔이나 동물의 관상골을 가늘게 가공하여 머리부분에 구멍을 뚫은 형태이다.

지금의 바늘과는 재질만 다를 뿐 크기나 형태는 같다. 골침은 크기에 따라 세침(細針)과 대형침(大形針)으로 구분된다. 세침은 의류를 수선하거나 제작하는데 사용되며, 대형침은 그물이나 편직물을 짜는데 사용되었다. 사천 서포면

구평리, 통영 상노대도, 용강 해운면 궁산리, 부산 동삼동, 포항 서포항패총에서 출토되며, 궁산패총에서는 바늘 귀에 베실이 끼워진 채 발견돼 바늘의 사용처를 짐작할 수 있다. 서포항패총에서는 10여 점의 바늘이 침통과 함께 출토되었는데 완전한 것 중에는 바늘 귀가 1㎜도 안되는 것도 있어 섬세한 세공기술을 잘 보여준다. 크기는 길이 4~13㎝, 폭

1

3

2

① | 부산 동래 출토 방추차(복천박물관, 2011) |
② | 인천 운서동 출토 방추차 (복천박물관, 2011) |
③ | 창녕 비봉리와 부산 동삼동 출토 골침 (복천박물관, 2011) | |

2~3㎜ 정도이다.

방추차는 구멍에 가락을 끼워 축을 만들고 회전시켜 실을 짜는 도구이다. 재질에 따라 석제와 토제가 있으나 신석기시대는 토제 방추차만 있다. 방추차는 문양과 단면 형태, 크기에 따라 다양한 형식으로 구분되며, 큰 것은 옷감용의 부드럽고 굵은 실을 짤 때, 작은 것은 어망과 낚시줄 같은 강하고 가는 실을 만들 때 이용한 것으로 추정되고 있다. 출현시기는 신석기시대 전기로 추정되고 있으나 더 이른 시기부터 사용되었을 가능성도 있다.

2) 가야사람들의 의복

삼국시대 사람들은 무엇을 입고 자신의 그의 아름다움을 표현하였을까? 의복의 경우 연령의 구별 없이 처음에는 소매가 좁은 저고리와 가랑이의 통이 좁은 바지를 착용하였다. 그러나 점차 귀족층을 중심으로 소매가 길고 넓으며 자락이 긴 저고리와 통이 넓은 바지를 입기 시작했다. 특히 신분이 높은 사람의 경우 옷의 깃이나 소매 등에 두르는 선의 폭을 넓게 하고, 그 안에 다양한 문양을 꾸며 넣는 경우가 많았다. 때로는 저고리 위에 붉은색이나 색깔이 있는 두루마기를 입어 높은 신분을 과시하기도 하였다.

신분에 따른 옷의 차이는 기본적으로 관리들의 옷에서 가장 두드러지게 나타난다. 삼국 모두 관리들에게는 관직의 등급에 따라 색깔을 구분하여 공복(公服)을 입게 하였다. 공복을 입는 사람들은 대부분 귀족들로서 예의를 갖출 때에는 고급 두루마기를 입고 모자를 썼다. 관복은 등급에 따라 금 혹은 은 등으로 장식했다. 고분벽화를 살펴보면 귀족들은 등급에 따라 푸른 비단으로 만든 관, 붉은 비단으로 만든 관 등을 썼고, 왕 밑의 관리들은 뿔이 난 듯한 문관 모자와 뒤가 높은 무관 모자, 새 깃을 꽂은 고깔 모양의 모자(조우관; 鳥羽冠) 등을 썼으며, 일반 평민들은 검은 머리수건을 썼다.

신라의 경우 공복은 철저하게 등급에 따라 자색, 비색, 청색, 황색 등 네가지로 색을 달리하여 입었다. 삼국 통일 이후 당(唐)나라의 관복을 모방하였을 때에도 등급에 따라 비단과 장식물 사용에 엄격한 제한을 두기도 하였다.

그러나 신라 말기에 이르자 의복은 대단히 사치스러워졌고, 도덕과 윤리 또한 문란해졌다. 신분의 구별 없이 외래품을 숭상하고 토산품을 천시하는 폐단이 나타났는데, 흥덕왕은 이것을 방지하고 신분에 따라 복식의 질서를 바로잡기 위하여 834년에 교서(教書)를 반포하기도 하였다.

신분에 따라 속옷도 달랐다. 교서에는 당시 의복 제도를 알아볼 수 있을 정도로 세밀하게 기록되어 있다. 심지어 남녀의 속옷 재질에 대해서까지 금지 사항이 정해져 있다. 남성의 경우 진골에 대해서는 아무런 제한을 두지 않았으나, 평민은 명주로 짠 견포(絹布)만을 쓸 수 있도록 규정하였다. 베는 가장 질이 낮아 올이 성기고 굵은 12승(升) 이하를 사용하도록 하였다. 당시 진골이 올이 촘촘한 26승 이하의 고운 베를 사용했던 것과 비교하면 귀족과 일반 백성들의 옷은 상당한 차이가 있었음을 알 수 있다.

가야의 옷

가야는 변한에서 발전된 나라이므로 삼한(三韓)의 직물문화가 그대로 이어져 온 것으로 추정할 수 있다. 삼한과 관련된 기록에서는 포(布)·겸(縑)·금(錦)·계(罽)·광폭세포(廣幅細布)·수(繡)·면포(緜布) 등의 다양한 직물 종류가 기록되어 있으며, 가야의 의복에 대한 기록은 『삼국유사(三國遺事)』가락국기에 '능고(綾袴)'라는 기록이 있고, 또한 '금수(錦繡)'·'능라(綾羅)'라는 직물이 나오는 것으로 보아 이미 가야에서도 화려한 의복생활을 했을 것으로 짐작된다. 또한 다른 나라의 관모나 장신구류로 미루어 보아 그 대부분은 문화적 배경이 비슷한 신라와 같은 유·장유·고·상·포 등을 착용했을 것이다. 한편, 2009년 삼한시기의 유적인 광주 신창동유적에서는 베틀의 부속으로 들어가는 바디와 방추차, 실패가 발굴되었는데 가야의 경우도 이와 마찬가지로 베틀도 이용해서 옷감을 만들었을 것이라 여겨진다.

남성들은 바지와 저고리가 기본적인 차림인데, 바지는 폭이 넓고 저고리는 허리띠로 여미며, 거기에다 겉옷을 입는 것이 예를 갖춘 정장 차림이었다. 여성의 경우에는 주름이 표현된 치마와 비교적 소매가 긴 저고리를 입었고, 저고리 위에는 허리띠를 둘렀으며, 두루마기 같은 겉옷을 착용하였다. 이러한 모습은 고구려 고분벽화에 나타난 여성의상이나 신라토우의 의상에서 알 수 있다.

고분벽화에는 여성이 바지를 입은 경우도 있는데 무용을 하거나 주인에게 시중을 드는 일 등의 활동에 맞는 복장이었다. 가야의 여성도 활동하기 좋은 바지를 일상생활에서 입었는지는 알 수 없으나, 적어도 치마 속을 받쳐주는 속바지는 착용했을 것이다.

| 고구려 고분벽화 |

3) 가야사람들의 신발

의복 못지않게 중요한 것이 신발이다. 인류사회에서 신발의 등장은 사람이 도구를 사용하였던 구석기 시대부터였을 가능성이 높다. 물론 신발의 재료는 처음에는 나뭇잎이나 풀잎이었다가 차츰 동물의 가죽이나 털을 이용하였을 것이다.

다양한 신발의 모습

신발의 형태나 재료 등은 그 나라의 생활풍습이나 환경, 사회적인 여건 등에 따라 차이가 있다.

『삼국지』한전에 가죽으로 만든 '교답(蹻蹹)'이라는 이름의 신발이 소개되고 있다. '교답'은 목이 없는 신(履) 아래 정이나 나막신처럼 높이 올린 하부장치를 해놓은 것을 의미하는데, 고분에서 출토되는 식리(飾履)나 벽화에서 묘사된 리(履; 신목이 낮은 신)의 모습으로 보건대, 삼한의 '혁교답(革蹻蹹)'은 신 아래 정을 박은 것으로 추정되고 있다.

『후한서(後漢書)』에는 삼한 사람들이 '초리(草履)'를 신었다고 기록되어 있는데, 이 역시 겉감은 가죽 등으로 만들고, 안은 부드러운 풀을 짜서 만든 것으로 지배층의 신이었다.

가죽으로 된 '화(靴)'는 『삼국사기』 색복지에 의하면 남자의 조복(朝服)차림에 받쳐 착용한 정장용 신이었는데, 『양직공도(梁職貢圖)』에 등장하는 백제 사신이 신고 있는 것과 같은 목있는 가죽신이었다.

그리고 가죽 이외에 마(麻)나 짚으로 만든 신도 있었다. 짚신의 경우 부산 복천동에서 출토된 신발형(초혜형) 고배가 참조된다. 짚으로 새끼를 꼬아서 윗부분을 샌들 비슷하게 만든 형태로서, 가장 보편적으로 이용된 신이었다. 2005년 부산시 기장군 정관면 일대에서는 삼국시대에 사용되었던 목제신발이 국내최초로 출토되기도 하였다.

| 부산 복천동 53호분 출토 신발모양토기(복천박물관, 2010) |

| 김해 대성동 8호분 잔존 출토 신발모양토기(복천박물관, 2010) |

스파이크 신발의 원조는 삼국시대?

현대 사람들이 즐겨 신는 등산화나 축구화를 보면 신발 바닥에 미끄러지지 않도록 스파이크를 단 것을 볼 수 있다. 이러한 스파이크 신발의 원조가 어쩌면 삼국시대일지도 모른다. 고구려 고분벽화에는 못이 박힌 신발을 신은 무사의 그림이 있다. 또한 백제 무령왕릉에서 출토된 금동신발을 보면 신발의 바닥에 못이 촘촘하게 박혀있는데, 끝이 매우 뾰족하여 위협을 줄 정도이다. 이렇게 신발 바닥에 못을 단 이유는 아마도 기마병이 말을 타고 달릴 때 바닥이 평평한 신발을 신으면 벗겨지기 쉽고, 잘못하면 말에서 중심을 잃어 떨어질 수도 있었을 것이다. 그래서 말의 발걸이에 발을 든든하게 고정하기 위하여 고안된 것으로 보이며, 말을 타고 달리며 싸울 때 창칼을 대신한 뾰족한 스파이크를 이용하여 상대방에게 치명적인 상처를 줄 수도 있었다. 그리고 비나 눈이 오는 날 미끄러짐을 방지할 수도 있었다. 조선시대의 진신(징신)은 여기서 진화된 것으로 이해할 수 있다. 경주, 고령, 남원, 서울, 단양 등지에서 주로 발굴되었는데, 각종 금동장신구와 마구류, 갑주류 등이 부장된 대형고분에서 주로 출토되고 있어 주 사용층이 상위계층임을 알 수 있다.

| 공주 무령왕릉 출토 금동신발(복천박물관, 2010) |

4) 가야사람들의 관모

관모(官帽)란 머리를 보호하는 역할을 하며 미적감각을 살리고 계급적 표시를 겸하기도 하였다. 처음에는 단순히 실용적인 의미에서 착용하던 건(巾)에서 출발하였으나 차츰 장식적인 요소와 사회적인 요소가 첨부되었다. 따라서 시대에 따라 그 모습이 다양했으며, 사회적 신분이 크게 반영되었다.

우리나라 고대 관모의 원시형태이면서 기본형태는 변(弁)인데 원래 머리가 흘러내리는 것을 감싸는 것으로서 우리민족의 가장 오래되고도 소박한 머리장식이었다. 기록과 벽화에 나타나 있는 관모는 책(幘) · 절풍(折風) · 조우관(鳥羽冠) · 립(笠) · 나관(羅冠) · 건(巾) · 건귁(巾幗) · 금관(金冠) 등이 있다.

삼국시대에는 최고의 계층에 속한 왕이나 왕족들이 금으로 만든 금관을 썼다. 그 이하의 계층에서는 천으로 만든 모자를 썼다. 이러한 점이 당시 복식 문화의 특징이다.

대부분의 관모들은 금관을 제외하고는 고구려의 고분벽화에서 알 수 있는데 새깃털로 장식된 관모의 풍속, 변형의 절풍, 책이라든가 부인들의 건귁 등이 있고 이들 역시 삼국에 공통된 흔적을 볼 수 있다. 삼국은 서로 보편성을 지닌 문화였기 때문에 관모 역시 비슷한 양상이었던 것이다.

곳갈(弁)이란?

변(弁)에 대하여서는 우리말로 '곳갈' 또는 '고깔'이라고도 하는데 그 어원적 해석을 보면 '곳'은 첨각(尖角)을 말하고

'갈'은 관모를 의미하여 정상이 뾰족한 관모라는 뜻이 된다.

고구려에서는 절풍(折風)이 변의 형태로서는 대표적인 것인데 곳갈모양의 관모는 백제, 신라에서도 쓰여졌다. 이러한 곳갈모양의 관모의 예를 들어보면 신라의 금관총(金冠塚)과 금령총(金鈴塚)에서 출토된 화관(樺冠)이 있다. 이 두 가지는 꼭대기가 둥근 것과 각진 것이 보이는데 이것은 대체로 곳갈모양에서 변화한 것이고 관모의 기본형인 곳갈과 큰 차이가 없다. 표면에는 견포(絹布)를 바른 흔적이 보이고 때로는 금은의 영락(瓔珞) 같은 것도 부착했다.

부여에서 출토된 기와인물문양도 고깔의 관을 쓰고 영(纓)을 매었다. 자세한 것은 알기 어려우나 고구려나 신라의 관모와 공통되는 점이 많아 주목할 가치가 있다. 금령총(金鈴塚)출토의 기마인물의 관모도 삼각형인데 아주 정밀하다.

변진인(弁辰人)이 즐겨 썼던 가나(駕那; 곳갈)는 꼭대기가 뾰족한 삼각형의 관모이기는 하지만 곳갈과 약간 다른 것은 가나는 봉합선이 옆면에 있음에 비하여 곳갈은 앞에 있는 것이 다르다. 따라서 곳갈모양의 관모는 고구려, 백제, 가야, 신라 등에서 통용되어 우리나라 고유의 관모로서 삼국문화의 공통성을 엿볼 수 있다.

가야의 금관과 금동관

가야의 금관과 금동관은 현재까지 고령 지산동고분군, 합천 옥전고분군 등 대가야지역을 중심으로 확인되고 있다. 신라에 비해 수량이 적은데, 이것은 가야가 관을 만들어 분배할 만큼 정치적인 성장을 이루기 전에 신라와 백제에 병합되었던 상황과 무관치 않다. 가야의 관은 인접한 신라와 백제의 영향을 받아 신라나 백제의 관과 유사한 형태도 있지만, 가야의 독창성을 잘 보여주는 대표적인 금관으로는 호암미술관 소장품과 일본 동경박물관 소장 오구라(小倉)컬렉션이 있다.

호암미술관 소장 금관은 고령에서 출토된 것으로 전해지며 대가야 최고의 금속공예를 보여주고 있다. 굽은 옥으로 장식된 비교적 넓은 띠모양의 관테[臺輪]에 4개의 세움장식(立飾)을 금실을 이용하여 일정한 간격으로 부착하였다. 세움장식은 꼭대기가 연꽃 봉오리모양이고 자연스럽고 사실적으로 표현된 풀잎모양을 하고 있다. 세움장식의 경우 관테에 못으로 고정하는 경우가 많은데, 이 금관은 실로 연결한 것이 특징이다. 이러한 세움장식이 가야관의 특징이다.

오구라 컬렉션의 금관은 띠모양의 관테 중앙에 원형과 물방울모양의 달개로 장식된 연꽃 봉오리모양 세움장식을 배치하고, 양쪽으로 길게 뻗은 풀잎모양의 세움장식이 두 개씩 배치되어 있다. 신라 금관에 비해 단순하지만, 가야관의 독창성과 화려함을 잘 보여주고 있다.

한편 금동관으로는 고령 지산동 30호와 32호 무덤 출토품, 성주 가암동 발견품이 대표적이다. 지산동 30호에서 출토된 금동관은 넓은 띠모양의 관테에 비해 매우 작은 세움장식 3개를 부착한 형태이며, 연꽃 봉오리모양만으로 구성된 단순한 세움장식을 하고 있다. 관테의 길이가 짧고 함께 출토된 두개골로 보아 어린아이를 위해 만들어진 것으로 보고 있다. 성주 가암동 파괴고분에서 발견된 금동관은 꽃과 풀 모양 세움장식 세 개를 배치하고 세움장식과 관테에 18개의 원형 달개를 장식한 형태이다.

가야의 금관과 금동관은 수량이 많지 않지만, 꽃이나 풀모양의 세움장식, 간결한 구성이 가야관의 특징이라 할 수 있다.

① | 고령 지산리 출토 금동관 (김해박물관, 2008) |

② | 부산 복천동 출토 금동관 (김해박물관, 2008) |

③ | 가야금관(호암미술관) |

④ | 가야금관(오구라컬렉션) |

2. 장신구를 통해 본 가야인의 아름다움

길거리를 걷다보면 귀걸이나 목걸이를 주렁주렁 달고 다니는 사람들을 볼 수 있다. 아주 오래 전부터 인간은 자신을 아름답게 표현하기 위한 방법으로 몸에 다양한 장신구들을 걸치고 또는 필요에 따라 장신구들을 몸에 지니기도 되었다.

시대에 따라 장신구의 재료는 약간씩 다르고 희소가치도 다르지만 과거와 현재까지 인간들로부터 늘 사랑을 받아온 것은 틀림없는 사실이다. 즉 장신구는 다양한 변화를 거치면서 고대에서 현대에 이르기까지 모든 시대에 존재했을 뿐 아니라 그 시대를 반영하는 아름다움의 역사로 볼 수 있다.

장신구는 세계 각지의 여러 유적에서 발굴된 예로 보아 후기 구석기시대(B.C. 40,000~B.C 15,000년)에는 이미 원시적인 형태가 만들어져 착용하였음을 알 수 있다. 그 기원은 동물의 이빨이나 뼈, 옥 등을 가공해 주술적인 의미로 몸에 붙이는 것에서 시작하여 차츰 미의식이 가미되면서 발전한 것으로 짐작된다.

신석기시대는 다양한 문화가 생겨나면서 신체 장식이 본격적으로 이루어지고 여러 가지 장신구가 유행한다는 점에서 우리나라 장신구 문화의 조형을 이루는 시기라고 할 수 있다. 신석기인들은 어로와 수렵을 중심으로 하는 생활을 하면서 쉽게 구할 수 있는 조개, 동물뼈, 옥, 활석, 흙 등의 재료를 가공하여 신체를 장식하였다.

삼국시대에는 유리, 마노, 수정, 벽옥 등을 원료로 한 다양한 구슬이 나타난다. 패총유적인 사천 늑도, 나주 장동리

수문, 김해 회현리 등에서도 환옥이나 곡옥 형태의 유리구슬이 확인된다. 그러나 유리구슬의 제작을 위해서는 상당한 기술이 필요하며 귀하게 여겨져 소유가 쉽지 않았던 탓인지 출토 수량은 많지 않다. 패총유적에서는 재료의 확보와 제작이 용이한 골각기나 토제품을 이용한 장신구가 많이 발견된다. 골각기에는 날카로운 도구를 이용하여 정교한 문양을 새기고 주칠이나 흑칠을 하기도 하였다.

고대의 장신구는 단순히 신체를 아름답게 꾸미는 것 이외에 다양한 문화적 · 사회적 의미를 담고 있다. 화려한 장신구는 미적인 목적과 함께 사용한 사람의 사회적 지위를 나타내는 역할을 하기도 하였다.

가야의 장신구

가야사람들은 어떠한 장신구를 착용하여 아름다움을 표현하였을까?

『삼국지(三國志)』 위서 동이전에 '진 · 변한 사람들은 금은을 귀하게 여기지 않고 구슬을 꿰어 보배로 삼는다.' 는 기록이 있다. 실제로 변한이 성장 · 발전한 가야지역에서는 구슬을 이용한 장신구가 많이 출토된다. 또한 고령 지산동 고분군에는 순장자의 석곽에서도 금, 은, 금동, 청동 등으로 만든 귀고리나 팔찌가 출토되었는데 가야의 일반 백성이나 노비도 장신구를 착용할 수 있었음을 알 수 있다.

목걸이

기원을 전후한 시기부터 3세기대까지 유행한 장신구는 바로 수정이나 마노(瑪瑙)를 주판알 모양으로 깎거나, 곱은옥(曲玉)이나 둥근옥(球玉)으로 만든 목걸이였다. 가야의 고분에서 발견된 유물들을 보면, 가야의 공예 기술이 매우 발전하였음을 알 수 있다. 가장 대표적인 목걸이는 김해 양동리 322호묘에서 출토되었다. 이 목걸이는 투명한 수정을 다듬어 만든 곱은옥 148개에 붉은 빛의 마노, 남색의 유리옥을 곁들여 만든 것으로 색감의 조화가 뛰어나다. 그런데 이처럼 구슬로 만든 목걸이는 진변한 지역뿐만 아니라 마한 지역에서도 크게 유행하였다.

| 유리제목걸이(창녕박물관, 2007) |

| 수정목걸이
(김해박물관, 1998) |

| 창녕송현동 출토 목걸이(국립가야문화재연구소, 2010) |

금속으로 만든 장신구

이 시기의 장신구 가운데 금속품은 그 예가 매우 드문 편이다. 김해 구지로 12호묘에서는 모자의 부속품으로 보이는 얇고 길쭉한 철띠가 머리 쪽에서 출토되었다. 청동제 팔찌도 함께 출토되었는데 표면에 아무런 장식이 없다. 김해 구지로 42호묘에서는 청동제 말모양띠고리(馬形帶鉤)가 출토되었는데, 이러한 모양의 띠고리는 천안의 청당동이나 청원의 송대리 등 마한지역의 목곽묘에서 많이 출토되는 것이며 영남지방의 경우 상주의 성동리 분묘군이나 경주의 조양동 60호묘에서 출토된 바 있다. 아마도 마한 지역으로부터 유입된 물품일 가능성이 있다.

그런데 서기 4세기 이후 장신구에는 많은 변화가 나타난다. 진한의 뒤를 이은 신라에서는 새로이 비취로 만든 곱은옥(曲玉)이 출현하였고 4세기 후반이 되면 황금제 장신구가 활발히 제작된다. 마한의 뒤를 이은 백제의 경우 중국의 진(晋)나라로부터 수입한 금동제 장신구가 사용되었으며 5세기가 가까워지면서 고구려로부터 금공 문화가 본격적으로 이입된다. 그러나 변한의 토대 위에서 성장하던 가야 지역의 경우 여전히 구슬을 선호하는 등 앞 시기의 장신구 문화를 그대로 계승하여 발전시켰다. 가락국의 왕족 묘역인 김해 대성동 고분군의 경우 4~5세기대의 대형 무덤에서도 유리구슬로 만든 목걸이가 장신구의 주종을 이루고 있으며, 18호묘의 경우는 예외적으로 벽옥제 대롱옥(管玉)과 비취제 곱은옥이 출토되기도 하였다.

귀고리

가야사람들은 귀고리를 즐겨 착용하였는데, 주로 대가야권에서 출토되고 있다. 고령의 지산동, 본관동 고분군과 합천의 옥전 고분군에서 주로 출토되고 있으며, 함양 백천리, 진주 중안동, 고성 율대리, 창원 다호리 고분군에서 고령 양식 토기와 함께 출토되었다. 귀고리의 종류는 매우 다양하며, 재질도 목걸이와 마찬가지로 옥, 유리, 수정, 마노 등은 물론 금으로 만든 것도 볼 수 있다. 대체로 고리가 큰 태환식(太鐶式) 귀고리 보다는 고리 부분이 가는 세환식(細鐶式) 귀고리가 많은데 세환 아래로 늘어뜨리는 수식(垂飾)이 오히려 세환에 비해 비중이 더 큰 것을 볼 수 있다. 귀고리는 금으로 만든 가는 줄에 원형 장식 혹은 물방울 모양, 방울 모양 등을 단독 혹은 복합적으로 조합하여 늘어뜨렸다. 이것은 움직임을 주었을 때 영락과 같이 작은 떨림을 가질 수 있

| 고령 지산동고분군 · 합천 옥전고분군 출토 각종 귀고리(국립중앙박물관, 2005) |

게 만든 것이다. 이렇게 늘어뜨리는 장식 부분이 강조되면서 장식이 복합적으로 드리워진 것이 많아지고 수식 부분에 점차 무게와 비중이 커져간 것으로 보인다.

| 창녕 교동 89호 출토 금귀고리(울산대곡박물관, 2011) |

귀고리는 어떻게 착용했을까?

신석기시대 귀고리는 주로 옥석이나 흙으로 제작되었다. 아직 출토량이 매우 적고, 일부 한정된 지역에서만 발견되고 있어 유행시기, 착장자의 성별, 출현과정, 착장자의 사회적 성격 등에 관해서 명확하지 않다. 현재까지 우리나라에서 확인된 귀고리의 형태는 착장 방식에 따라 고리형의 결상이식(玦狀耳飾)과 삽입형의 이전(耳栓)으로 나눌 수 있다.

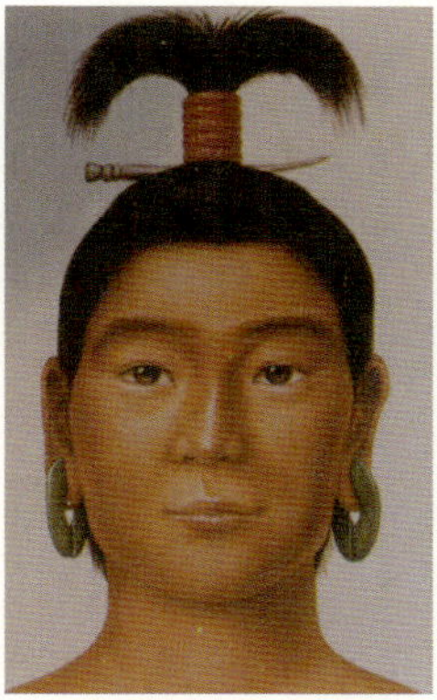

| 결상이식 착용 추정 모습(복천박물관, 2011) |

결상이식은 그 형태가 중국 고대 옥기인 결(玦)과 유사하다는데서 붙여진 명칭으로 토제이전과 옥석을 둥글게 가공하여 귀볼에 구멍을 뚫어 거는 고리형의 귀고리이다. 삼국시대 태환이식과 형태적으로 매우 유사하며, 선사시대 우리나라를 비롯한 일본 · 중국 등 동아시아지역에 널리 유행하던 형식이다. 우리나라에서는 청도 사촌리유적, 사천 선진리, 여수 안도, 부산 동삼동, 고성 문암리, 울산 처용리에서 출토된 것이 전부이다.

| 울산처용리 · 고성문암리출토 결상이식(복천박물관, 2011) |

| 에티오피아 슈마족의 귀고리 착용 모습(복천박물관, 2011) |

이전은 결상이식과 달리 귀볼에 구멍을 뚫어 귀고리를 삽입하여 귀를 장식하는 형식이며, 재질은 모두 흙을 구워 만든 토제품이다. 결상이식에 비해 출토 유적이 적은 편이며, 현재까지 부산 동삼동, 울산 신암리, 경주 봉길리유적 출토품이 알려져 있다. 특히 동삼동패총에서는 다양한 형태의 이전 11점이 출토되었다.

| 부산 동삼동 출토(복천박물관, 2011) |

팔찌

팔찌는 많이 발견되지는 않았으나, 다른 장신구와 함께 그 종류가 다양했을 것으로 추정된다. 돼지 이빨로 만든 팔찌가 있는데 이것은 돼지 송곳니의 뾰족한 모양과 둥근 형태를 이용하여 한쪽 끝에 다른 한쪽 끝을 끼워 팔찌로 만든 것이다. 단순한 이빨이기는 하지만 그 자체의 특성을 그대로 살려 장식한 가야인의 합리적인 미의식을 볼 수 있다. 이러한 팔찌를 착용하는 풍속은 계속 이어져 금으로 만든 팔찌도 볼

| 대성동 2호 출토 돼지이빨팔찌 (대성동고분박물관, 2003) |

| 구지로 12호 출토 청동팔찌 (대성동고분박물관, 2003) |

수 있다. 신라 지역에서도 발견되는 모양으로 팔찌 표면이 마름모형으로 처리되어 단순한 표면에 변화를 주었다. 합천의 옥전 M2호묘에서는 금제, 진주 중안동에서는 은제, 옥전 28호묘에서는 동제품이 출토되었는데 형태는 신라에 비하여 가늘지만 표면에 새김눈(刻目)을 장식하고 있는 점은 백제나 신라와 공통적인 모습이다.

반지

가야의 반지는 단순해 보이지만 현재 사용하여도 별다른 거부감이 없을 정도로 현재의 반지와 비슷한 모양을 갖고 있다. 가늘게 손가락 크기로 만든 것이 있는가 하면, 중앙에 장식부분을 만들어 도드라지게 한 것 등이 있다.

| 송현동 7 · 12호분 출토 금 · 은반지 (국립가야문화재연구소, 2010) |

| 은제반지 (창녕박물관, 2007) |

대구

대구(帶鉤)는 허리띠 등의 양끝을 고정시키기 위해 대 끝에 고정시키는 띠고리로, 동서 기마 민족사이에 널리 사용되던 물건이다. 우리나라에서는 삼한시기부터 남부 지방을 중심으로 호랑이 모양과 말 모양의 독특한 형식이 만들어져 널리 사용되었다. 김해에서 나온 것으로 청동으로 만든 호랑이 모양의 대구는 가야의 독특했던 동물 모양의 대구를 보여준다. 작은 귀와 꼬리를 감아 올린 모습이 맹수라기보다는 오히려 길들여진 느낌을 주지만 몸통에 그어진 빗줄로 보아 호랑이를 표현한 것으로 보인다. 가슴에 뾰족하게 나온 걸개를 반대쪽 고리에 걸어 사용하였다.

| 창녕 교동 주차장부지 출토 은허리띠(국립가야문화재연구소, 2010) |

| 김해 대성동 23호 출토 호랑이모양띠고리
(대성동고분박물관, 2003) |

| 김해 구지로 42호 출토 말모양띠고리
(대성동고분박물관, 2003) |

뒤꽂이와 빗

삼한시대의 머리장식은 크게 두 가지로 나누어지는데, 비녀와 닮은 형태인 뒤꽂이와 빗살이 여러 개인 빗이 그것이다. 빗은 뼈나 뿔의 표면을 얇게 떼어내며 표면 전체를 잔손질한 후 예리한 도구를 이용해서 4~8개의 빗살을 만든 것으로 창원 성산패총·가음정동패총과 해남 군곡리유적, 부산 동래패총 등에서 출토되었다. 이것의 용도에 대해서는 머리 장신구로 보는 경우도 있지만, 빗살이 길고 약하다는 점을 들어 실용품이라기보다는 주술적인 목적으로 사용된 것으로 추정하는 경우도 있다. 한편 비녀형태의 뒤꽂이로는 사천 늑도 분묘 56호묘 머리뼈 근처에서 출토된 골침이 있다. 이것이 패

| 사천 늑도 출토 뒤꽂이
(복천박물관, 2011) |

총에서 출토하였다면 단순히 골침으로 볼 수 있겠지만, 분묘에서의 출토위치가 머리뼈 근처라는 점과 인골의 성별이 여성인 점에서 비녀의 가능성이 높다고 볼 수 있다.

옥에는 어떠한 종류가 있었을까?

곡옥(曲玉)은 굽은옥이라고도 하는데 취옥(翠玉)으로 만든 것이 가장 많고 홍옥(紅玉) · 마노(瑪瑙) · 파리(玻璃) · 수정(水晶) · 호박(琥珀)으로 된 것도 있다. 모양은 대체로 수아형(獸牙刑)으로 천공(穿孔 : 뚫는 것) 제작기술이 발달하여 정교하게 다듬은 것이다. 이 밖에 금제로 된 중공(中空)의 것, 금모(金帽)를 씌운 것, 동제로 된 것, 각 · 골 · 목으로 된 것도 있다.

환옥(丸玉)은 평범한 둥근 모양의 옥으로 녹청색으로 된 파리(유리)질의 것이 가장 많다. 때로는 금박을 입히고 다시 파리를 그 위에 덮어 씌어 아름다운 광택이 나는 것도 있고, 녹청색에다 황 · 녹색의 반점이 있고 양쪽 구멍의 변두리에도 색으로 선을 두른 청령옥(蜻蛉玉)도 있다. 재료는 마노, 금동, 은, 금, 식물질의 의자옥(意苡玉)도 있다. 곡옥은 그 형이 눈길을 끄는 데 반해 환옥은 수량을 가지고 주의를 끌게 한다.

다릉옥(多稜玉)은 위를 깎아서 다각으로 만든 옥인데 6능, 5능, 4능의 것이 있다. 이 다능옥은 수정으로 된 것이 가장 많으며 마노 · 파리류로 된 것도 있다.

관옥(管玉)은 장방원통형으로 취옥(翠玉), 마노(瑪瑙) 등으로 되어 있고 뼈로 만든 것도 있는데 신라, 가야, 백제고분에서 출토되었다.

조옥(棗玉)은 대추옥으로도 불리며, 대추씨와 흡사한 형태를 가진 옥인데 흔히 마노를 가지고 만들었다.

위에서 열거한 옥 이외에도 담청색 · 녹청색 · 녹색 · 황색 · 갈색 등의 파리 · 마노 · 호박으로 된 작은 소옥이 있고 관옥이면서 아주 짧은 것, 단면이 화판형의 옥도 있다.

이상과 같은 많은 종류의 다양한 옥류는 경식, 완식, 지식(반지), 족식(발찌) 외에 관모, 이환(귀고리), 요패, 비단으로 만든 머릿수건, 의복에도 보인다. 이와같은 옥은 금, 은 혹은 금동의 장신구와 함께 가야인이 제일 애용한 장신구였다.

| 김해 회현리 출토 유리구슬 · 토제곡옥(복천박물관, 2011) |

3. 말도 갑옷을 입었다.

고대 사회에서 철은 오늘날의 핵무기와 석유에 비견될 만큼 강력한 국력을 상징하는 아이콘이었다. 가야 지역의 고분에서 출토되는 철제 유물 중 가장 큰 비중을 차지하는 것은 무기이다. 무기는 전쟁의 도구로써, 가야고분에서는 큰 칼(大刀), 철검(鐵劍), 쇠투겁창(鐵矛) 등의 근거리 무기와 활과 화살의 원거리 무기가 출토되었다. 또한 병사의 갑옷을 철갑으로 치장했음은 물론, 말에게도 철갑과 투구를 씌운 나라로 지금까지 발굴된 삼국시대 철제 갑옷의 90% 이상이 가야지역에서 출토되었다.

1) 갑옷

갑옷은 전투시 신체를 보호하는 장비이다. 가야지역에서 출토된 갑옷을 살펴보면 당시 가야사람들이 철을 다루는 기술이 얼마나 뛰어났던가를 한눈에 알 수 있다. 또한 갑옷, 투구, 볼가리개, 견갑 등 다양한 갑옷을 통해 가야사람들의 기술과 제작의 과학성도 알아 볼 수 있다.

가야는 삼한 중 변한 지역에서 건국되었으므로 삼한의 사회 수준을 계승한 나라였는데, 진한과 마한 및 변한은 방패와 큰 방패를 잘 사용하였다고 한다. 더욱이 변한 지역에서는 철이 생산되어 마한과 동예 및 왜에 수출하였고 아울러 모든 무역에서 철을 화폐로 사용했다는 사실은 철의 생산이 매우 풍부했음을 의미하는데, 이 같이 풍부한 철의 생산은

갑옷과 무기의 생산을 보다 활발하게 했을 것이다.

갑옷은 판갑옷(板甲)과 비늘갑옷(札甲)으로 나누어진다. 판갑옷은 긴사각형, 사각형, 삼각형 등의 철판을 못이나 가죽끈으로 결합한 것이며, 비늘갑옷은 비늘처럼 생긴 작은 철판을 가죽끈으로 엮은 것이다. 여기에 머리에 쓰는 투구는 물론 어깨를 보호할 수 있는 어깨 갑옷도 첨부하였다. 그리고 장식이 더해져 갑옷을 보다 더 정교하게 만든 것도 있다. 갑옷의 앞뒤에 새겨진 회전 문양은 단순한 장식이 아니라 화살이나 창 등의 공격을 피할 수 있고 공격해 오는 무기의 힘을 반감시킬 수 있는 완충제 역할로서의 의미가 더 큰 것 들이었다. 판갑옷은 보병용으로, 비늘갑옷을 기마병용으로 추정된다. 이후에는 갑옷이 더욱 발달하게 되어 볼가리개까지 있는 갑옷이 나오는데 이는 고구려 고분벽화의 기마병 복식에서도 볼 수 있다.

| 목가리개(김해박물관, 1998) |

① | 김해 퇴래리 출토 판갑옷
(김해박물관, 1998) |

② | 김해 퇴래리 출토 판갑옷 뒷면
(김해박물관, 1998) |

① | 함안도항리 13호 출토 갑옷
(함안박물관, 2004) |

② | 함안도항리 13호 출토 갑옷 뒷면
(함안박물관, 2004) |

2) 무구류

ㅣ함안도항리 36호 출토 투구
(함안박물관, 2004)ㅣ

가야는 신라와 백제 사이의 지리적 여건으로 많은 대외전쟁을 치렀으며, 이러한 과정에서 다양한 전쟁용 무기가 생겨났다. 무기는 공격용 수단으로 사용되었던 전쟁의 도구로서, 가야고분에서는 큰칼(大刀), 철검(鐵劍), 쇠투겁창(鐵矛) 등의 근거리 무기와 활과 화살같은 원거리 무기가 출토되었다.

큰칼

큰칼(대도)은 양쪽에 날이 있는 검과는 달리 한쪽만 날이 있는 무기이다. 대도가 우리나라의 남부지방에 도입된 것은 2세기 후반이며, 낙동강 하류역의 김해 양동리 유적 등의 예로 볼 때 목곽묘의 채용과 함께 나타난다. 당시 길이 40cm 이하의 철제단검과는 달리 길이 80cm 이상의 대도가 중국으로부터 도입된 것이다. 이는 단순히 새로운 문물의 도입이라기보다는 전술의 변화를 나타내는 것이며, 그러한 변화와 함께 손잡이에 둥근 고리가 부착되어 단순한 무기가 아니라 권력의 상징물로서의 역할로 하게 되었다. 대도의 도입기에는 단순한 철제고리(鐵製環)였으나 4세기 이후 고리 내부에 삼엽(三葉), 용(龍), 봉황 등의 장식이 삽입되고, 손잡이가 금은으로 장식되었으며, 5세기 이후에는 권력의 상징물로 정착하게 된다.

고리자루큰칼

고리자루큰칼(環頭大刀)은 고리 내의 장식이나 고리의 모양에 따라 용봉문(龍鳳文) 환두대도, 삼루(三累) 환두대도, 삼엽(三葉) 환두대도, 소(素) 환두대도 등으로 구분되며, 이 순서가 피장자(被葬者)의 신분적 차이를 직접적으로 반영한다. 또한 지역적인 특색이 있어 가야에서는 용봉문 환두대도가, 신라에서는 삼루 환두대도가 최고의 환두대도였다. 용봉문 환두대도는 신라, 백제, 가야에서 모두 출토되나 가야 지역에서 출토된 것이 가장 많고, 삼엽 환두대도의 경우 신라에서는 고리의 모양이 위는 둥글고 아래는 네모진 형태가 많으며 금은으로 장식이 되지만, 가야에서는 둥근 고리가 많고 대부분 철제품이다.

철검

철검은 1~3세기에 많이 사용되었으며, 4세기 이후의 출토량은 매우 적다. 1~2세기의 검은 길이 40cm이하의 단검으로서 세형동검(細形銅劍)에서 그 재질이 변화된 것이며, 2세기대 대도의 도입과 동시에 장검으로 변화한다. 3세기

| 세잎 고리자루 칼과 세부(창녕박물관, 2007) |

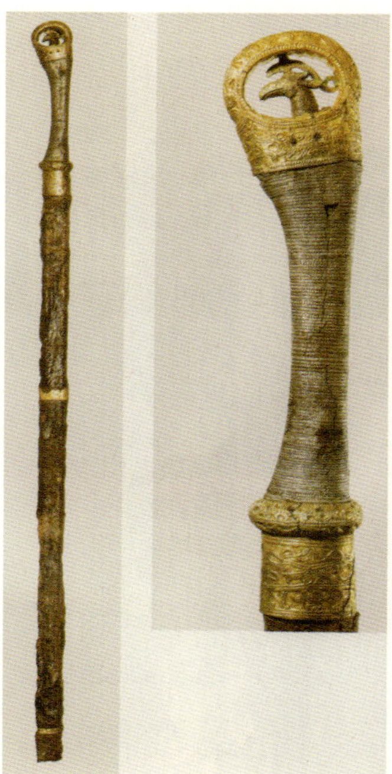

| 봉황무늬 고리자루칼과 세부
(김해박물관, 1998) |

| 용 · 봉황무늬 고리자루칼과 세부
(김해박물관, 1998) |

까지는 철검이 철모와 함께 주된 근거리 무기였으나 4세기 이후 대도가 근거리 무기가 되고 또한 권력의 상징물이 되면서 철검의 출토량은 줄어든다.

쇠투겁창

쇠투겁창(鐵矛)은 초기에는 낙랑의 영향으로 제작되나 기원후 1세기경 2단병식철모(段柄式鐵矛)라는 영남 지역의 특징적인 철모가 제작되기 시작한다. 3세기 말경에 창의 몸체가 장대해지는 비실용적이고 의기화한 철모가 나타나고 5세기 이후 기마전술의 도입과 함께 중요한 실용무기가 된다. 고구려 고분벽화의 개마무사(鎧馬武士)가 가지고 있는 무기는 모두 모(矛)이다.

| 투겁창(김해박물관, 1998) |

| 투겁창(김해박물관, 1998) |

활

활은 단편적인 실물자료가 출토되기는 하였으나 형태가 복원된 것은 없다. 1세기대의 창원 다호리 11호분에서는 길이 170㎝정도의 나무에 검은 칠을 한 직궁(直弓; 곧은 활채를 휘어서 시위를 메운 활)이 출토되기도 하였다.

| 창녕송현동7호 출토 활(국립가야문화재연구소, 2010) |

쇠화살촉

가야의 무기 중 가장 많이 출토되는 것이 쇠화살촉이다. 화살촉의 몸체 모양에 의해 여러 가지로 구분되며 용도에 따라 그 형태가 달라진다. 철촉은 원거리 공격용 무기로서, 그 형태적인 변화는 살상력과 관통력의 증대라는 공격력의 변화와 직접 관련이 있다. 초기의 1~2세기 철촉은 뿌리가 없는 무경식(無莖式)으로서 촉의 몸체가 넓은 편이었으나, 3세기에 뿌리가 있는 유경식(有莖式)으로 변화하면서 촉의 몸체가 뾰쪽해지며, 5세기이후 목이 긴 장경식(長頸式)으로 변화하여 무게 증가가 이루어진다.

가야 지역에서는 출토되지 않았으나 경산 조영동 유적에서는 화살의 끝을 시위에 끼도록 하기 위해 만든 뼈로 된 오늬가 출토되기도 하였다. 무덤에서 출토되는 철촉은

| 함안 도항리 출토 무경식 쇠화살촉(함안박물관, 2004) |

| 함안 도항리 출토 화살통꾸미개(함안박물관, 2004) |

10~30점이 묶여있는 경우가 많으며, 화살통에 넣어진 상태로 부장된 것이었다. 화살통의 형태는 고령 지산동 39호분의 반원통형(半圓筒形)으로 된 것과 동래 복천동 11호분의 장방형으로 된 것이 있다. 화살통은 보통 가죽이나 나무로 만들어지나 그 장식을 철이나 금동으로 하여, 신분과 권력을 상징하는 성격도 가지고 있었다.

| 함안 도항리 출토 화살통꾸미개 (함안박물관, 2004) |

기타

이 외에도 고구려의 벽화고분에 보이는 부월수(斧鉞手) 등으로 볼 때 가야에서도 철부, 철겸 등의 농공구가 무기로 사용되었을 가능성이 있다.

3) 말, 갑옷을 입다

고대사회에서 사람만이 갑옷을 입었던 것은 아니었다. 당시에는 마갑(馬甲)으로 말까지 무장을 시켰는데 기마인물형 토기에서도 그 모습을 알 수 있다.

마갑은 고대사회에서 왕을 최측근에서 호위하던 기마병의 필수장구로서 적과 만났을 때 보다 안전하고 효과적으로 보호하는 역할을 했던 것인데, 일찍이 중국 전국시대부터 가죽으로 만든 마갑의 실물이 등장하고 있다. 한나라시기까지는 말의 몸에 늘어뜨려 가슴까지 보호하는 가죽으로 만든 마갑, 즉 당흉(當胸)이 유행했다. 그러다 진나라와 한나라시기를 거치는 과정에 전쟁이 기마병과 보병 위주로 전환되면서 기병의 발달과 함께 기마용 마갑이 발달하게 되었다. 이후 후한 말엽에 이르러서야 비교적 완비된 형태의 마갑이 출현하였고, 남북조 시대에 이르러 마갑은 보편적인 장비가 되었다. 이 시대의 무덤에는 갑기구장용(甲騎具裝俑; 갑옷을 입은 기병의 인형)이 출토되며 벽화 등에도 갑옷을 입은 모습이 묘사되고있다.

우리나라에 마갑이 보급되어 실용화된 것은 삼국이 치열하게 전쟁을 벌였던 4~5세기 무렵이다. 동수묘와 삼실총, 쌍영총 등의 고구려 벽화에는 말에 마갑과 마주를 착용시킨 중무장 전사의 모습이 사실적으로 묘사되고 있다. 남부지방의 신라와 가야지역의 고분에서도 실물이 5세기대의 유적에서 다수 출토되고 있는 실정이어서 삼국시대에 들어와서 본격적으로 우리나라의 전역에 걸쳐 마갑·갑주 문화가 수용되었을 것으로 추정된다.

마갑은 고구려와 백제지역에서는 실물자료가 전혀 발견되지 않고 있다. 하지만 고구려의 고분벽화에서 사실적인 당시의 모습이 묘사되고 있으므로 마갑과 마주가 사용되고 있었음을 짐작할 수 있다.

이와는 달리 가야와 신라 그리고 일본의 경우는 마갑과 마주는 실용의 군수품이라기보다는 상징적인 하나의 의식용 물품으로 취급하여 주요한 인물의 장례 때에 무덤의 주인에 따른 권위의 상징으로서 함께 매장된 것으로 추정된다.

| 부산 복천동 출토 말머리가리개
(국립중앙박물관, 2004) |

한반도에서 출토된 마갑의 경우 구조를 파악할 수 있는 완전한 형태를 갖추고 있는 예는 거의 없는 실정이었으나 2011년 경주 쪽샘지구에서 완전한 형태의 마갑이 출토되었다. 현재까지 가야지역에서 가장 상태가 양호한 마갑은 함안마갑총과 합천옥전고분군에서 조사되었다. 마갑과 마주는 전투시 말의 보호를 위해서 사용된 무장구로서 기본적으로 하나로 조합된 무구이므로 유적에서 공반된 마주와 마갑은 일개체의 마갑장구로 파악된다.

함안지역에서 5세기 중반경으로 편년되는 대형목곽묘인 마갑총에서 국내는 물론이고 일본과 중국에서도 출토된 예

| 함안 도항리마갑총 출토 말갑옷(함안박물관, 2004) |

가 드문 5세기대의 마갑이 양호한 상태로 발견됨으로써 고대 기병용 마장 마구 문화에 대한 전반적인 연구와 삼국시대 지역간의 전투양상 문제 등을 살펴볼 수 있는 중요한 실마리를 제공하게 되었다. 마갑총 출토 마갑과 마주는 삼국시대 한반도 남부지역의 고대 마구류 뿐만아니라, 고구려 · 왜 · 중국남북조 등과 서로 관련된 기승용 마장구 연구에 중요한 자료로서 활용될 수 있을 것이다.

| 김해 · 합천, 경북고령 출토 말갖춤(국립중앙박물관, 2005) |

함안에서의 마갑 발견

마갑은 1992년 6월 함안군 가야읍 도항리에 신축중인 아파트 건설공사 현장에서 우연히 발견되었다. 지금까지 김해 · 부산지방과 합천지역의 대형고분군에서 몇 개의 파편형태로만 수습된 적이 있었다. 이와는 달리 함안에서 출토된 마갑은 기존의 것들과는 달리 거의 완전한 형태를 갖추고 있으며 출토상태 또한 아주 정연한 것이어서 고대 마장(馬裝) 마구(馬具) 연구사에 있어서 매우 귀중한 자료로 평가되고 있다. 그리고 중국 집안지역에 있는 고구려의 대표적 벽화고분인 삼실총의 벽화에서나 볼 수 있었던 마갑의 모습이 실물 그대로 한반도의 제일 남쪽에 위치한 함안지방에서 완형 그대로 출토되었다는 사실은 발굴조사 당시 많은 사람들의 관심과 주목을 끌기도 했다.

마갑이 출토된 고분을 마갑총이라 이름지었는데 마갑총은 함안 가야읍 도항리 103-4번지 일대 약2,000여평에 신축중인 해동아파트단지내에 위치해 있다. 마갑은 머리, 목, 가슴 그리고 몸통 부분으로 확연히 나뉘어져 있었으며, 부위별로 미늘의 크기를 달리해서 만들어졌고 말의 얼굴을 가렸던 마주(馬冑)도 별도로 놓여 있었다.

하지만 1600년 정도 땅속에 묻혀있던 마갑을 제대로 보존하는 것도 큰 문제였다. 땅속에 묻혀있던 금속제 유물들은 토양 속에서 염화물 또는 물 등의 부식인자와 반응하여 부식된 상태로 출토된다. 그런 유물이 공기에 노출되면 급격한 환경변화에 따라 급속하게 손상을 입기 때문에 발굴현장에서의 응급처치가 중요하다. 그래서 유물 전체를 떠서 조심조심 서울로 옮겼다. 마갑은 좌우로 분리되어 묻혀 있었는데 두 쪽을 모두 보존처리해야만 온전한 한 벌이 완성된다. 그러나 한 쪽의 상태가 너무 좋지 않아 그나마 상태가 좋은 한 쪽만 복원했다. 복원과정은 힘겨운 것이었다. 한쪽만 보존처리하는데도 무려 5년이 걸릴 정도였다.

| 필자 : 성진석 |

Ⅲ. 가야사람들의 식생활

1. 가야사람들의 먹거리 구하기
2. 가야사람들의 부엌 들여다보기

1. 가야사람들의 먹거리 구하기

1) 농경

부여는 '오곡(五穀)이 잘되고 오과(五果)는 나지 않는다.', 동옥저는 '오곡이 잘되고 밭을 갈고 씨를 뿌리기가 좋다.', '고구려에 복속된 이후 고구려가 어염(魚鹽)과 해산물을 빼앗아갔다.', 마한은 '배(梨)만치 큰 밤을 생산하고 꼬리가 긴 닭이 있는데 꼬리의 길이가 오척(五尺)이나 된다', 진한은 '토지가 비옥하여 오곡이 잘되며', 변진은 '토지가 비옥하여 오곡과 벼(稻)를 심기에 좋으며'……(『삼국지』 위서 동이전)

위의 기록은 기원 전후의 한반도 상황을 기록한 중국의 역사책인 『삼국지』 위서 동이전 중 일부이다. 오곡의 종류에 대해서는 쌀 · 보리 · 조 · 기장 · 콩 등이 해당되는데, 변진조에는 오곡과 벼를 분리하여 쌀이 오곡에 포함되지 않는 것으로 기술되어 있다.

가야시대 패총유적인 김해 회현리유적 · 고성 동외동유적 · 사천 늑도유적에서는 쌀, 맥류, 잡곡류, 두류, 견과류, 과실류 등의 곡식 종자가 확인되었다. 특히 탄화미를 비롯한 벼 식물유체가 종종 출토되는 것으로 보아 쌀 생산이 늘어난 것으로 보인다.

농경의 시작

우리나라에서 농경은 언제 시작되었으며, 어떻게 농사를 지었으며 농기구는 어떤 것을 사용하였을까?

우리나라의 초기 농경은 황해도 지탑리 및 평양 남경유적에서 출토된 조 · 피 · 수수 등의 곡물자료로 보아 신석기시대 중기 이후에 시작된 것으로 볼 수 있다. 이 시기에는 농경의 확실한 증거라고 할 수 있는 논 · 밭 등의 생산유구는 알려진 예가 없으나, 화분분석자료 · 탄화곡물 · 벼의 규산체 분석 등으로 농경의 시작을 추정할 수 있다.

한편, 벼농사의 경우 청동기시대 중기에 접어 들면서 본격화 된다. 벼농사의 직접적인 증거로는 탄화미(炭化米)와 바닥이나 몸통에 볍씨자국이 찍힌 무문토기 등이다. 쌀과 더불어 벼농사의 직접적인 증거인 청동기시대의 논은 울산 무

| 울산 옥현유적에서 확인된 청동기시대 논(경남대학교박물관, 2008) |

거동 옥현유적에서 조사되었는데, 논은 1~3평 크기의 방형이나 부정형의 형태를 하고 있다.

가야 이전 청동기시대에는 농경이 본격적으로 시작되면서 고령 양전동, 산청 강누리, 진주 대평리, 울산 검단리 등 대규모 주거유적이 확인되었으며, 특히 진주 대평유적, 평거동유적에서는 대규모 밭이 확인되어 청동기시대 주민들은 거의 전업적인 농경 생활을 영위하였음을 알 수 있다.

| 진주 평거동유적에서 확인된 청동기시대 밭 |

청동기시대 대규모 밭과 논을 경작하는데 이용된 도구로는 다양한 석기들이 이용되었는데, 곡물의 수확 용구로 반월형석도와 돌낫, 밭을 개간하는데는 돌괭이, 돌호미, 돌보습 등을 나무자루에 끼워 이용하였다.

신석기시대 패총에서 출토된 배설물(분석)

분석은 건조되거나 화석화된 동물의 배설물을 말하며, 분석자체가 자연 상태에서 쉽게 분해되기 때문에 고고학적인 유적에서 잔존하는 예가 드물다. 여수 여서도와 창녕 비봉리에서 출토된 분석은 사람 혹은 개의 배설물에 패각의 칼슘 성분이 스며들어 단단하게 굳어지면서 원상태로 보존될 수 있었다.

최근에 분석된 여서도패총의 배설물에서는 회충 등 3종의 기생충 알이 검출되었는데, 여기서 확인된 회충이 사람의 것인지 개의 것인지는 불확실하다. 간흡충란은 민물고기를 날로 먹었을때 주로 감염되는데, 이를 통해 볼 때 당시 사람들은 민물고기를 날로 먹었을 가능성이 있다.

| 창녕 비봉리유적 출토 배설물 화석(복천박물관, 2011) |

가야사람들의 농사법과 농기구

가야시기에 접어들면 석기 농기구가 서서히 철기 농기구로 전환되어 나갔다. 농기구, 어로구 등 특정한 목적을 가진 도구의 경우 사람이 사용하기에 가장 적합한 형태로 자리잡게 되면, 도구를 만드는 재질만 변하고 그 형태의 변화는 적은 것이 특징이다. 따라서 석제 농기구 또한 형태의 변화는 크게 없이 철기 농기구로 전환되었다.

가야시기의 농업은 논을 일군 다음 관개 시설을 하여 물을 대고 파종을 하는 집약적인 농업으로 전환되었을 것이다. 3세기 전반의 삼한사회를 기록한 『삼국지』 위서 동이전에 따르면, "5월에 각종 작물을 파종하고 난 후, 그리고 10월에 추수를 마친 후에는 제사를 지내고 나서, 모두 모여 춤을 추고 술을 마신다"고 하였다. 이들은 안정된 농경기반을 가지고 자유로운 공동체 생활을 영위하고 있었던 것이다.

벼농사를 짓기 위해서는 경작지의 개간 및 물의 통제, 수확과 탈곡 등에 필요한 일련의 도구 제작, 저장 운반을 위한 토기와 창고 등 각종 용기의 제작과 시설물을 축조하는 기술을 필요로 하며, 이와 관련된 생산체계가 발달하는 등 새로운 농업공동체가 형성된다.

가야시기의 농기구로는 쇠스랑, 쇠삽, 가래, 살포, 낫 등의 효율적인 농기구가 등장하는데, 석기에 비해 가벼우면서도 흙에 대한 저항력이 낮아 농업 생산력 증대에 큰 영향을 주었다.

| 가야시기의 농기구들(국립중앙박물관, 2000) |

권력의 상징, 살포

살포는 논에 물꼬를 트거나 김을 매는 농기구로서 중국과 일본에는 잘 보이지 않는 한국 특유의 농기구이다. 살포가 나타나면서 수장층의 농구는 U자형따비 · 쇠스랑(갈이) · 살포(김매기) · 낫(걷이)이라는 완성된 작업도구를 가지게 되었다. 수장의 무덤인 옥전M3호분에서 쇠자루 살포가 부장되었는데, 이것은 수장이 논농사를 주도하였음을 보여준다.

이후 살포는 6세기 돌방무덤에서 작은 미니어처 형태로 출토된다. 이는 5세기 실용적인 살포에서 6세기에 접어들어 의기화(儀器化)되어 무덤 부장을 위해 크기를 줄인 것이다. 수장층과 살포의 관계는 이후에도 계속되는데, 조선시대 임금이 신하에게 하사하는 궤장에서도 그 모습이 남아있다.

|합천 옥전M3호분 출토 살포 (국립중앙박물관, 2000) |

2) 무덤에서 찾는 가야인의 식생활

무덤에서 출토된 여러 가지 부장품들을 들여다보면, 죽은 이가 마치 생전과 다름없이 생활하는 것처럼 보인다. 경남 지역의 대표적 고분에서는 가야사람들의 생활모습을 단편적이나마 엿볼 수 있다.

창녕 송현동 7호분에서는 관이 놓인 부분을 중심으로 그 안쪽에 뚜껑달린 굽다리접시와 바리가 한 무리를 이루며, 관 동편의 장벽 쪽으로는 목 짧은 항아리들이 중첩된 상태로 놓여 있었다. 이는 마치 관을 중심으로 제사상을 차린 듯 계획적인 모습을 하고 있어 흥미롭다. 또한 무리를 이룬 작은 토기들은 5~6점씩 소쿠리에 담긴 채 출토되었다. 버드나무, 싸리나무, 단풍나무 등 주변에서 흔히볼 수 있는 나무로 제작된 소쿠리는 일상생활에서도 음식물이나 살림살이를 보

| 창녕 송현동 7호분 소쿠리 내 밤, 참다랑어뼈 출토 모습(국립가야문화재연구소, 2010) |

| 창녕 송현동 7호분에서 확인된 목관(국립가야문화재연구소, 2010) |

관 · 정리하는데 다양하게 사용되었을 것으로 보인다.

무덤에서 행해진 제사에 사용된 것으로 보이는 밤, 참외 씨, 복숭아 씨, 참다랑어 뼈 등이 토기 안에 담긴채 출토되었다. 밤은 무덤 바닥에 마치 뿌려진 것처럼 여기저기 흩어져 있었는데, 이보다 앞선 창원 다호리유적 1호 무덤에서도 무덤 바닥에 밤이 흩뿌려진 채 출토된 예가 있어 오래 전부터 이어져 내려온 전통적인 제사 의례로 여겨진다. 그리고 창녕 송현동 15호분 순장인골의 생화화적 분석결과를 보면, 그들은 쌀, 보리, 콩을 주식으로 하였으며, 그 가운데 한 명은 육류의 섭취 정도가 높았던 것으로 확인되어 당시 사람들의 음식문화의 일면을 짐작할 수 있다.

그 외 무덤에서 음식물이 확인된 예를 보면 함안 칠원 오곡리고분군 5호 석곽묘, 고령 지산동고분군의 2호와 55호 · 70호 석곽묘가 있다. 2호 석곽에서는 소가야양식의 유개고배 안에서 고둥이, 55호 석곽과 70호 석곽의 유개호 안에서는 복숭아씨가 확인되었다. 2호의 경우 음식물이 재지계 토기가 아니라 이입된 토기 안에서 확인되었다는 점이 특기할 만하다. 또 복숭아 수확시기가 여름인 점으로 보아

| 고령 지산동 고분군 출토 닭 · 생선뼈가 담긴 고배(계명대학교 행소박물관, 2006) |

| 성주 성산리 고분군 출토 고둥 담긴 단경호(계명대학교 행소박물관, 2006) |

저장항아리

삼국시대 무덤에서는 높이가 50㎝ 이상이 되는 대형 항아리에 벼껍질을 포함한 곡물들이 담겨져 있는 상태로 출토되는 경우가 있다. 이는 사후세계를 현세와 동일시하여 죽은 이의 먹을 양식을 의미하는 것으로 보인다. 이는 바로 사후에도 계속해서 먹을 양식을 갖추어 무덤에 묻은 것으로 살아 생전에도 곳간의 대형항아리에 한해지은 곡식을 가득 담아 보관하여 양식으로 삼던 모습과 관련이 있다. 이와 같이 항아리는 실생활용으로서 기능할 뿐 아니라 무덤에서 곡식을 담아 제사를 지내는 의례용으로도 사용되었다.

| 대구 내당동 출토 저장항아리(국립중앙박물관, 2000) |

| 창원 다호리 1호 무덤에서 확인된 밤과 감이 담긴 고배(국립중앙박물관, 2009) |

무덤이 축조된 계절적 배경을 알 수 있게 할 뿐만 아니라, 복숭아가 도교적 의미가 강한 과일로 알려져 있어 당시 불교 이외에 도교의 영향도 생각해 볼 수 있는 자료라고 여겨진다. 또한 오곡리고분군에서는 생선뼈가 담긴 고배가 발견되기도 했다.

3) 다호리사람들의 철제농기구 만들기

다호리유적에서는 쇳물을 부어 만드는 주조(鑄造) 기법과 달군 쇠를 두드려만든 단조(鍛造) 기법이 모두 나타나고 있어, 철기제작 기술이 상당한 수준에 이르렀음을 짐작할 수 있다. 다호리 무덤에서 출토된 철광석과 망치는 다호리 사람들이 직접 철기를 제작했음을 말해준다. 철을 두드리는 망치는 17호분, 철광석은 64호분에서 출토되었다. 철광석은 무게가 6kg으로 완제품이 아닌 광석으로 출토되어 당시 철 생산이 다

| 창원 다호리 64호 무덤에서 출토된 철광석(국립중앙박물관, 2009) |

| 변한지역에서는 주조철부를 2개씩 묶어 화폐처럼 사용하였다.(국립중앙박물관, 2009) |

호리 사회에서 중요한 산업이었음을 단적으로 보여준다.

다호리에서는 나무나 돌로 만든 농기구 대신 오늘날 농촌에서 쓰는 것과 같은 따비나 낫 등 쇠로 만든 농기구와 도끼, 자귀, 끌 등 공구류가 출토되었다. 무기뿐만 아니라 공구와 농기구까지 철로 제작 되었다는 점은 철의 생산과 보급이 원활하게 이루어지고 있었음을 보여주는 증거이다.

고대사회에서 철은 돌이나 청동보다 단단하고, 예리하며, 오래 사용할 수 있는 특성으로 인해 일상 생활도구에 널리 사용되었다. 가야시대에는『삼국지』위서 동이전의 설명처럼 비옥한 토지를 바탕으로 보급된 철기를 통해 농업생산량을 증대하여 부를 축적 할 수 있었다.

4) 어로

가야지역은 경남 해안지대와 낙동강 · 남강을 끼고 있으므로, 가야인의 생업경제에서 어로활동을 빼놓을 수 없다. 그들이 바다나 강에서 음식물을 주로 획득하였다는 사실은 가야의 주거 유적들에서 패총이 두텁게 형성되어 있음을 통해 확인할 수 있다.

가야 이전의 어로활동

BC 8,000~BC 2,000년 무렵인 신석기시대의 가야지역에는 연안어로를 기반으로 하는 집단이 거주하였다. 그들은 강과 바다가 만나는 연안에서 굴, 홍합, 전복, 참돔, 숭어,

| 창녕 비봉리 패총 출토 신석기시대 배(국립김해박물관, 2008) |

잉어 등의 어패류를 석제·골제 작살, 결합식 낚시바늘, 석제어망추 등으로 채집·획득하였다.

이후 청동기시대의 패총은 신석기나 삼한·삼국시대에 비해 분포 범위와 수량이 매우 적다. 청동기시대에는 어로와 관련된 유물인 토제어망추가 확인되지만, 해남 고남리패총, 창원남산패총 외에 대부분의 지역에서 앞선 시기에 비해 패총관련 유적이 극히 적다. 이러한 양상은 일반적으로 농경사회인 청동기시대의 생업 환경과 밀접한 관련이 있는 것으로 추정된다. 하지만 청동기시대 이후의 삼한·삼국시대의 해안지대에서 패총이 증가하는 현상으로 볼 때 단순히 생업 환경의 변화에 따른 것만은 아닐 것이다.

청동기시대 패총은 주로 단독으로 조성된 경우가 적고 다른 시대의 패총과 중복되거나 후대의 패총 형성으로 유실되는 경우가 많아 정확한 분포나 소속 시기를 가늠하기 어려운 경우가 많다. 청동기시대는 농업을 기반으로 하는 사회로 농업기술이 비약적으로 발전한 시기이지만, 강 주변에 거주하는 집단에게 어패류 또한 중요한 식량자원이었을 것이다.

가야시대의 어로

가야시대에 들어서면 다시 어로와 관련된 문헌과 유적이 곳곳에서 확인된다. 문헌기록을 살펴보면 『삼국지』, 『후한서』에는 동예가 한(漢)에 바다표범을 조공했다고 하며, 『삼국사기』 신라본기에는 탈해가 처음에는 낚시를 생업으로 삼아 노모를 봉양하였다고 한다. 이에 따르면 삼국시대에는 집단

내 소비를 위한 어로 활동뿐만 아니라 공물(貢物)이나 대외 교역품 마련을 위한 특정 해산물의 생산을 전담하는 전문화된 해양 어로민이 존재하여, 계획적이고 전업적으로 어로를 하였음을 보여준다.

남해안 패총의 경우 어류로는 참돔, 감성돔, 상어류, 농어류, 복어류 등 20여 종이 확인된다. 패류는 굴이 가장 많고 백합, 새꼬막, 재첩 등 100여 종 이상이 확인된다. 이러한 어패류는 신석기시대의 여러 패총에서도 가장 많이 출토되는 것을 보면 시기와 상관없이 고대인들이 가장 선호한 종류이며 대부분 식용으로 이용하기 위하여 의도적으로 포획했던 것으로 추정된다.

해안에서는 계절에 따른 난 · 한류의 확대 축소에 따라 난류성과 한류성 어류가 구분되어 다양한 어류의 포획이 가능

| 삼국시대 패총에서 확인되는 패류(복천박물관, 2011) |

하며, 패류는 연중 채집이 가능하다는 장점이 있다. 패총 출토 패류 중 가장 많은 비중을 차지하는 굴은 수온이 낮은 시기에 오히려 생산량이 많아져 흉년이나 기후 변화에 대비한 대체 식품으로도 활용도가 높았을 것이다.

이처럼 어패류는 획득의 안정성으로 인해 중요성을 지닌 자원이긴 하지만 칼로리와 지방이 매우 낮아서 그것만으로는 생계 유지가 곤란하므로 다른 자원을 보조하는 정도에 머물렀을 것이다. 따라서 삼국시대에는 패총 집단도 주로 오곡이 주요 식량원이 되었을 것이며 어패류나 육류를 통하여 동물성 단백질을 보충적으로 섭취하였을 가능성이 높다.

가야시대 패총의 분포

삼국시대의 패총은 공간적인 분포로 보면 경기만 금강 하구, 서남해안 등 서해안과 남해안 일대에 집중적으로 존재하며 제주도와 동해안 일대에는 소수만 확인된다.

이 시기 패총유적으로는 창원시 성산패총 · 내동패총, 남산패총 · 웅천패총, 김해시 봉황동패총 · 부원동패총 등이 있다. 유적에서는 각종 어패류와 포유류, 곡물류, 쇠손칼, 쇠낫, 토제어망추, 골제작살, 철제낚시바늘, 빗창 등이 확인된다.

가야시대 패총에서는 어로와 관련된 유물 뿐만아니라 농경과 관련된 유물이 확인되고 있어 주목된다. 강과 바다가 만나는 연안에서 어로활동에 전념한 신석기시대 집단과는 달리 농업과 어로를 복합적으로 영위하는 농경-어로민의 등장은 발달된 형태의 사회경제체제를 보여주는 일단면으로 볼 수 있다.

| 지도로 보는 삼국시대 패총 분포(복천박물관, 2011) |

패총과 패층

패총은 수렵 · 채집 · 어로 등의 생업활동에 의해서 목적을 달성한 후에 폐기된 패각, 수골, 어골, 인공유물 등을 일정한 지점에 폐기한 것이 층위를 이루고 퇴적된 것을 일컫는다. 그러므로 시대를 불문하고 그 시대의 생활상과 자연환경, 생태계를 알아낼 수 있는 문화의 보고(寶庫)이다.

패층은 조개를 주로 한 흙의 혼입이 적은 것(純貝層), 조개에 흙이 섞인 것(混土貝層), 흙에 조개가 섞인 것(混貝土層)으로 구별할 수 있다. 순패층은 일시적으로 다량의 패각을 버린 것이고 포함되는 유물은 적다. 쓰레기장으로서 제일 자연스러운 퇴적방식을 취하고 있는 것이 혼토패층이다. 장기간에 걸쳐서 퇴적한 것이기 때문에 조개에 흙이 섞이고 유물도 풍부하게 포함되어 있다.

| 하동 목도패총 전경(복천박물관, 2011) |

| 창녕 비봉리유적 패층 모습(국립김해박물관, 2008) |

패총을 통해 본 늑도인의 먹거리

2000년 전 섬에서 생활한 늑도인의 먹거리는 어떤 것일까? 늑도는 주변 다른 섬에 비해 식수가 풍부하고, 간조 시 매우 빠른 조류가 흘러 어업을 기반으로 하는 생업과 고대 연안 항해의 기지 역할을 할 수 있는 매우 유리한 조건을 가지고 있었다.

철제 · 골제 낚시바늘과 골제작살 등이 출토되고 다양한 어망추등이 확인되는 것으로 볼 때 어류를 주식으로 했을 것으로 생각되지만 꼭 그렇지는 않다. 늑도패총에서 출토되는 먹거리는 굴, 눈알고둥, 참돔 등의 어패류와 사슴, 돼지, 소, 개, 강치 등의 포유류 등이 주를 이루는데 그 중 사슴의 출현 빈도가 가장 높다. 이는 늑도 사람들이 사슴고기를 많이 먹었으며 계절에 따라 굴이나 고둥 등을 가까운 해안에서 채취하여 먹거리로 삼았던 것으로 보인다.

사슴뼈의 발견 빈도로 볼 때 늑도 내에서 자연 서식하던 개체를 수렵하였다기 보다는 인근 해안이나 큰 규모의 섬에서 수렵, 도살하여 일정 부위만을 반입하였던 것으로 추정된다. 다시 말해, 늑도에서는 식량자원을 외부지역에서 공급받으면서 토기 및 도구제작, 교역 등 기타 활동에 전념한 것으로 보인다.

| 사천 늑도유적에서는 일본의 야요이토기와 중국의 상감관옥 등이 출토되어 활발한 국제 교역이 이루어 졌음을 짐작케 한다.(복천박물관, 2011) |

산 정상에 위치한 남산패총

남산유적은 창원 중심지 북서 외각에 자리잡은 남산의 정상부를 중심으로 청동기시대에서 삼한시기에 걸쳐 형성된 취락유적이다.

해발 100m 정도 되는 구릉에 형성된 이 취락에는 청동기시대 주거지 20여 채를 에워싼 거대한 타원형의 환호와 함께 삼한시기 집자리 수십 채와 조개더미가 자리잡고 있다.

청동기시대의 주거지는 구릉의 정상부와 약간의 경사진 곳에 원형이나 장방형으로 구덩이를 파고 지은 일종의 움집이며, 북쪽의 정상부에는 정면 1칸, 측면 1칸의 망루도 확인 되었다. 환호는 깊이 2~4m에 상부 5~10m의 단면 V자형으로 굴착되었고, 마을 전체 면적은 5,018㎡(1,520평)로 추정된다.

삼한시대기 주거지를 보면 작은 원형의 구덩이를 파고 지은 움집이 대부분인데, 화덕과 온돌시설도 마련되어 있어 흥미를 끈다. 이 삼한시기의 취락에 살던 주민들이 먹고 버린 조개껍질들이 쌓여 구릉 경사면에는 두꺼운 조개더미가 형성되어 있다. 이 조개더미에서는 수많은 토기편들과 골각기를 비롯한 각종 동물뼈와 물고기뼈 등이 출토되었다.

남산유적은 입지상으로 볼 때 일상생활이 불편한 고지에 형성되어 있는 점으로 미루어 볼 때 일반 주거유적이라기 보다는 당시 사회의 특수기능, 즉 방어 및 의례와 관련된 취락으로 판단된다.

| 창원 남산유적 전경(창원대학교박물관, 2011) |

5) 가야 어부의 물고기 잡이

가야사람들의 물고기 잡이는 어망을 이용하는 방법, 낚시를 이용한 방법, 작살을 이용하는 방법 등 신석기시대의 어로방법을 계승하고 있다.

가야시대의 어로법

이와 함께 새롭게 철제어로구인 철제낚시바늘, 빗창 등이 등장하고 하천이나 해안에서는『삼국사기』고구려 본기에 서술되어 있는 '어량(魚梁)'이라는 발과 같이 고정적인 장치를 설치하거나 토제 어망추를 단 그물을 쳐서 한꺼번에 많은 어류를 포획하는 방법이 성행함에 따라 어류 포획법도 다양해졌음을 알 수 있다.

| 어량을 이용한 물고기잡이 모식도(주강현, 2006) |

해안에 거주했던 가야사람들은 산란을 위해 해안의 얕은 물로 이동하는 물고기를 다양한 방법을 통해 포획하였을 것이며, 현재 패총에서 확인되는 물고기의 뼈, 패각류 등을 통해 포획당시의 계절과 삶의 형태를 파악할 수 있다.

가야시대의 어로구

가야사람들이 사용한 어로구를 살펴보면 철제 어로구보다 사슴의 뼈를 이용한 골제 어로구가 더 많다. 이것은 철제 어로구에 비해 사슴의 뼈는 수량이 풍부하고, 제작이 용이했기 때문이다.

당시 널리 사용되던 어로구로는 토제어망추, 단식조침, 작살 등을 들 수 있다.

토제어망추는 가운데 구멍이 있어 그물을 맬 수 있게 하였으며, 크기 및 중량의 규격화가 가능하며 어망에 부착하는 숫자를 가감하면 중량의 조절이 가능한 점이 특징이다. 또

| 합천 저포리유적 내 토제어망추 출토 모습(창원대학교박물관, 2011) |

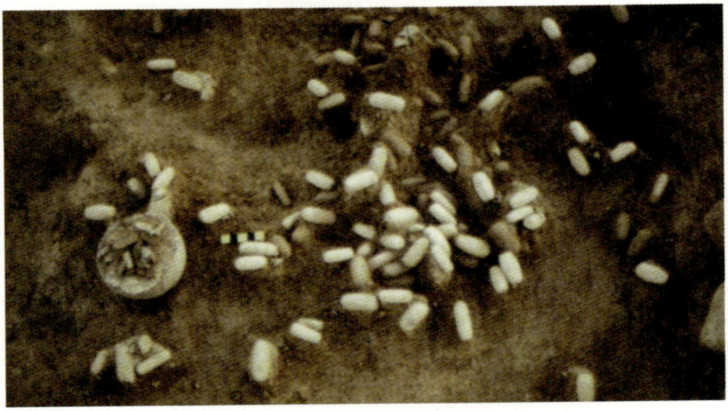

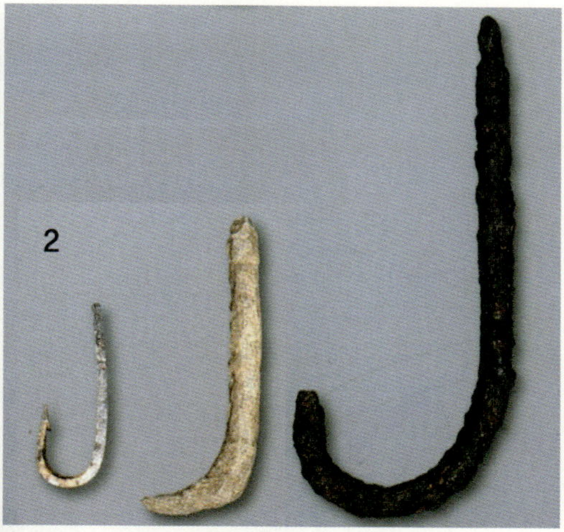

① | 해남 군곡리유적에서 확인된 가오리뼈 작살 (복천박물관, 2011) |
② | 사천 늑도유적 출토 철제 · 골제 낚시바늘 (복천박물관, 2011) |

한 비슷한 크기로 한꺼번에 제작할 수 있어 어류의 종류에 맞추어 망을 제작할 수 있는 장점이 있다.

단식조침은 현재의 낚시바늘의 형태와 유사한 모습으로 녹각, 멧돼지의 송곳니, 철제 등 다양한 종류의 재료로 만들어졌다. 포획물에서 침이 빠지지 않게 침부 안쪽 또는 바깥쪽에 미늘을 만들기도 하였으며, 축부 상단에는 홈을 돌리거나 단을 만들어 낚시줄이 단단히 고정되도록 하였다. 전체 길이는 3~13㎝로 낚시바늘의 크기에 따라 포획하는 어종도 달랐을 것으로 추정된다.

작살의 경우 고정식 작살과 회전식 작살로 구분된다. 고정식 작살은 작살의 뿌리부분을 자루에 고정하여 사용하는 방식이며, 회전식 작살은 포획물에 작살을 던져 명중되었을 때 작살 머리가 자루에서 떨어져 나가고 작살 머리에 연결된 줄을 끌어당겨 포획물을 손에 넣는 방식이다. 고정식 작살의 경우 잠수가 가능한 비교적 얕은 해안가나 강가에서 사용되었을 것으로 추정되며, 회전식 작살의 경우 고래, 돌고래, 강치, 다랑어와 같이 비교적 깊은 바다에 서식하는 어류나 동물을 포획할 때 사용한 것으로 추정된다.

고대의 낚시바늘

| 부산 범방패총 출토 신석기시대 결합식 낚시바늘(복천박물관, 2011) |

낚시는 물고기를 잡는 도구의 일종으로, 유럽에서는 후기 구석기부터, 한국에서는 신석기부터 출토된다. 한국의 낚시는 형태에 따라 결합식 낚시와 단식 낚시로 대별된다. 결합식 낚시의 재질은 돌로 만든 축부분에 사슴뿔, 멧돼지의 이빨, 짐승의 뼈 등을 바늘로 쓴 경우가 많다. 단식 낚시의 재질은 신석기 시대부터 청동기 시대까지는 사슴뿔, 멧돼지의 송곳니 등이 사용되었으며 철기시대에는 쇠로 만들었다. 청동기시대에 청동제의 낚시가 출토된 적은 없었으나. 영암에서 출토된 거푸집을 보면 낚시바늘의 틀이 새겨져있어 청동제낚시도 사용되었을 것으로 추정된다.

6) 수렵과 가축

스테이크? 삼겹살? 그들이 먹은 고기는?

세계사 교과서를 살펴보면 그 첫머리에 최초의 인류는 채집과 수렵생활을 했다고 한다. 여기서 '수렵'이 의미하는 것은 바로 육식이다. 육식의 역사는 인류 운명과 같이 해 온 셈이다. 서양문화의 근간을 이루고 있는 성경에도 육식의 기원이 나와 있을 정도니 인류가 생명을 연명하는데 있어 육식이 차지했던 비중은 가히 상상을 초월한다.

신석기시대패총의 경우 대부분 해안가에 위치하고 있어 패총의 구성이 어패류 중심이지만, 삼한시기 패총이나 저습지 유적의 경우 어패류 뿐만 아니라 사슴, 멧돼지, 개 등 식용 가능한 육상포유류가 확인되는 점이 주목된다.

사천 늑도유적, 창원 신방리 저습지유적, 창원 남산유적 등에서 확인되는 육상포유류 중 이용률이 가장 높은 것은 사슴이다. 이는 동물유체가 확인되는 모든 유적에서 시대를 불문하고 나타나는 현상으로 사슴의 포획이 다른 동물에 비해 비교적 수월하고 활용도가 높았으며, 당시에는 사슴의 개체수가 상당히 많았음을 짐작케 한다. 고기는 식용으로 이용하고 뼈의 경우 다듬어서 뼈바늘, 뼈작살, 칼손잡이 등 다양한 종류의 도구를 만들기에 용이했기 때문에 더욱더 선호했을 가능성이 높다.

멧돼지의 경우 유적에서 출토되는 소형 목주열, 지상건물지 등으로 유추해 보아 식용을 위해 가축화 되었을 가능성이

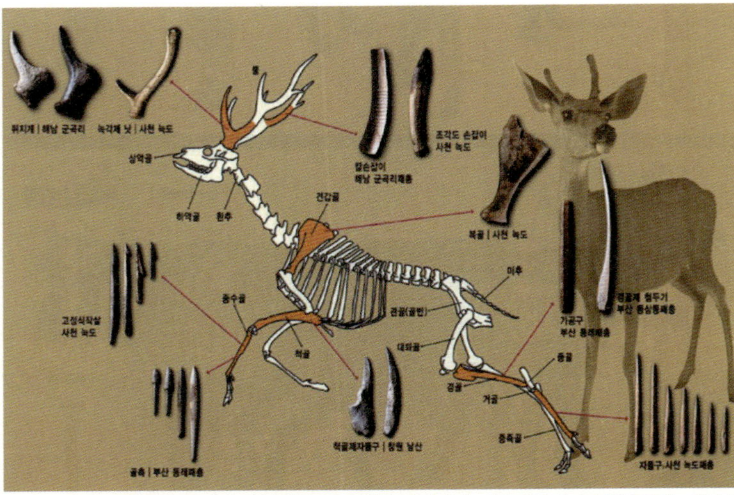

| 사슴의 뼈는 제작이 용이하여 부위별로 다양한 골각기가 제작되었다.(복천박물관, 2011) |

높은 동물이다. 창원 동읍 신방저습지유적 출토예를 통해 볼 때 멧돼지 뼈를 이용해 제작한 골각기의 수가 적고, 유적 내 전기와 후기의 양상에서 멧돼지의 수가 증가한 것을 통해 확인할 수 있다.

| 통영 욕지도패총 출토 멧돼지모양 토우(국립중앙박물관, 2008) |

개의 경우 가축화가 이루어진 가장 오래된 동물 중 하나로, 사천 늑도유적에서는 인골과 개과 함께 매장되고 있다. 보편화된 것으로 추정된다. 늑도유적에서 출토되는 개는 한 마리가 전체적으로 출토되는 것에 반해 신방 저습지유적에서는 부분적으로 소량 출토되고 있는 것으로 보아 식용으로 개를 도축했을 가능성이 있다. 하지만, 아직까지 한반도 및 일본에서는 가축화로 인한 개의 식용여부는 언제 어떠한 경로로 시작되었는지 명확하지 않다.

| 창녕 비봉리유적 출토 멧돼지문양이 새겨진 토기(국립김해박물관, 2008) |

가축의 시작과 그 증거

인류의 등장이후 가장 큰 문제는 의식주를 해결하는 것으로 그 중 가장 중요한 부분은 음식을 구하는 것이었다. 인류는 생존을 위해 오랜 기간을 거치며 채집과 수렵, 농경과 가축사육을 습득하여 먹거리를 해결하였다.

그 중 가축은 야생동물을 길들여서 언제든지 식료로 전환시키는 것을 의미하는데, 패총에서 확인되는 소량의 뼈를 통해 가축의 시작을 설명하기에는 많은 어려움이 따른다.

가축의 증거에 대해서는 신석기시대 이른 시기부터 사냥이나 애완의 목적으로 사용된 개와 더불어 삼한시대에는 소, 말, 돼지의 가축종이 등장한다. 돼지의 경우 신석기시대 이래의 멧돼지가 순화의 과정을 거쳤던 것으로 보이며, 이러한 흔적은 사천 늑도, 부산 낙민동, 김해 회현리유적 등에서 확인된다. 소나 말의 경우 북방에서 가축종이 유입된 것으로 생각되는데 현재로서는 사천 방지리유적의 예가 가장 빠르다. 가축은 육류의 안정적 공급을 가능하게 하며 특

| 사천 늑도유적에서는 죽은 사람 곁에 개를 매장하는 풍습이 있었다.(복천박물관, 2011) |

히 소나 말은 운송, 기승, 축력 활용이 가능하고 젖이나 가죽, 뼈, 뿔 등 다양한 용도로 이용될 수 있어 인간 생활에 다양한 이점이 있다. 그러나『삼국지』위서 동이전에는 마한인은 '우마를 탈 줄 모르고 오로지 장례 때만 사용한다.'는 기록이 있다. 또한 멧돼지의 경우 가축종이 등장하고도 야생종이 상당수 나타나며 소나 말의 수량이 소수에 불과한 것으로 보아 당시의 생업경제 내에서 가축의 활용과 비중이 그리 크지 않았던 것으로 보인다.

야생동물과 가축동물은 어떻게 구별할까?

유적에서 출토되는 동물뼈를 가축과 야생동물로 구별하는 중요한 근거는 가축화과정이다. 이는 야생동물에서 가축되는 과정에서 일어나는 다양한 형태적 변이를 통칭하는 말로서 가축과 야생동물의 차이를 파악하는 중요한 근거가 된다. 가축화 과정에서 많이 이용되는 것은 크기의 변화를 인식하는 것이다. 가축은 야생동물에 비해서 체격이 작은 것이 특징이다. 이러한 변화로 인해 다양한 형태의 변이들이 나타나기 때문에 이를 파악하는 것은 가축을 연구하는 보편적인 방법이다. 또한 인간의 이용에 관련해서 특정 연령대를 집중적으로 이용하는 것과 같이 인간의 관여에 의한 결과를 통해 가축화되어 졌음을 파악 할 수 있다.

2. 가야사람들의 부엌 들여다보기

1) 가야사람들의 음식만들기

음식을 먹는 방법에는 날것을 그대로 먹는 방식, 굽는 방식, 찌는 방식, 끓이는 방식과 발효시키는 방법 등이 있다. 오늘날 같이 쌀을 끓여서 익혀 밥을 짓는 방법은 곡물조리 발전의 결과이며 갈돌 갈판, 조리흔적이 있는 토기들로 보아 처음에는 곡물을 가루내어 끓인 죽을 먹었던 것으로 보인다. 그러던 것이 시루의 등장과 함께 찌는 밥으로, 그리고 솥과 부뚜막의 등장과 함께 지금과 가까운 모습으로 변화되었다.

| 갈돌과 갈판 이용방법(복천박물관, 2005) |

| 음식물이 끓어 넘쳐 토기에 부착된 모습(복천박물관, 2011) |

날것으로 먹기

인류는 언제부터 요리를 했고, 그 요리의 목적은 무엇이었을까? 아마도 인류가 시도한 최초의 요리 목적은 맛이 아니라 '먹기 쉽거나 소화가 쉬운 음식 만들기'였을 것임이 틀림없다.

사람이 걷기 시작하면서 손의 사용이 가능해졌다. 그래서 다른 동물이 할 수 없는 도구 만들기가 가능해졌다. 도구의 제작은 인류가 자연을 극복하면서 풍요로운 삶을 꾸려나가기 위한 가장 중요한 진보였다. 나무를 다듬어 땅속에 묻힌 뿌리를 캐기도 하고, 야생의 풀이나 줄기, 나무 열매 등을 채집하여 먹었다. 그리고 필수 영양소인 단백질과 염분을 채우기 위해 인류는 동물 사냥에 나서게 되었다.

돌을 깨트려 끝을 날카롭게 만들거나 한쪽 면에 날을 만든

석기로 짐승을 잡아 가죽을 벗기고, 고기와 뼈를 분리하여 먹을 수 있었다. 구석기인들은 맹수의 사냥에는 위험이 따르고, 석기로 잡기 어려우면 다른 짐승이 사냥하여 먹고 있는 짐승을 몰아내고 남은 고기를 획득하기도 하였다.

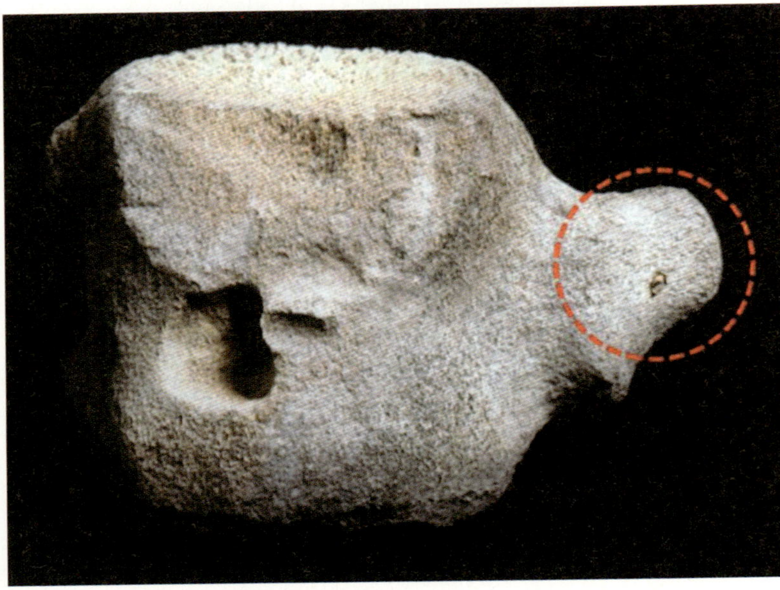

| 작살 맞은 고래 흉추(복천박물관, 2011) |

| 반구대 암각화에 나타난 고래사냥 모습 |

불을 이용한 조리

백만년 전부터 인류가 불을 사용하면서 날 것에서 구워 먹는 것이 가능하였다. 선사시대 불의 발견은 '요리의 시작'을 의미했다. 불은 딱딱하고 질긴 뿌리를 '소화할 수 있는 것'으로 만들었고, 독성이 있는 뿌리나 풀도 무해한 것으로 만들 수 있었다. 질긴 고기도 불로 구워 내면 부드러워졌다.

불을 써서 요리하는 것은 인류의 혁명적인 진화를 가져왔다. 예컨대 음식을 익히면 그로부터 얻는 에너지의 양이 늘어나고 이로 인해 생존율과 번식률이 높아지며 해부학적 구조나 생리작용, 생태, 생활사, 심리, 사회에 급격한 변화가 뒤따른다는 것이다. 거친 음식과 익히지 않은 날것이 콜레스테롤과 체지방을 떨어뜨리지만, 음식 섭취량을 늘렸음에

| 하동 목도패총에서 확인된 야외노지(복천박물관, 2005) |

도 몸무게는 줄어들고, 번식 기능은 저하된다는 실험 결과가 있다. 따라서 보통의 야생 환경에서 날고기 만 먹는다면 아무리 많은 양을 먹더라도 급속하게 아사의 위험에 처하게 될 가능성이 있다. 그러니 먹을 것이 부족했던 선사시대에 요리하지 않은 생식이란 진화는 물론이고 생존에도 극히 불리한 조건이었을 것임이 틀림없다.

음식을 조리하는 다양한 토기

토기 중에서 취사용으로 사용된 것은 옹형토기인데 청동기시대에는 무문토기, 삼한시기에는 적갈색연질토기가 주로 사용된다. 옹형토기의 기형 자체가 몸통 상단이 넓고 아가리로 가면서 좁아져 밥물이 쉽게 넘치지 않게 고안된 것이라 하겠다. 조리를 어떻게 하였는지는 토기 외부에 붙어 있는 그을음이나 내부의 탄화물 부착상태를 통해 추정할 수 있는데 발형토기나 호형토기에서도 이러한 흔적이 있다.

| 진두 대평유적 출토 시루(진주청동기문화박물관, 2012) |

| 김해 봉황동유적 출토 이동식 부뚜막(복천박물관, 2005) |

시루는 산청 옥산리 출토품의 예로 보아 청동기시대 중기부터 출현하기 시작하여 삼국시대 주거지에서 보편적으로 출토되는데 시루바닥의 구멍모양과 배치는 시기와 지역에 따라 다양한 모습을 보인다. 이른 시기에는 긴 장방형의 구멍이 뚫린 바닥 위주이며 삼국시대 이후에는 원형 구멍이 주류를 이루는데 부뚜막과 함께 있는 경우가 많다. 수증기를 이용하여 음식물을 찌는 시루가 개발되면서 찐밥이나 떡 등을 먹을 수 있겠지만 제사와 같은 특별한 일이 있을 때 떡과 같은 음식을 만들기 위해 고안된 것으로 생각된다. 따라서

쌀이나 기타 곡물의 조리는 죽이나 밥의 형태였을 것으로 생각되며, 이와 같은 조리법은 쇠솥의 등장과 함께 비로소 짓는 밥의 형태로 바뀐 것이라 하겠다.

쇠솥은 평양지역의 낙랑고분에서 이미 확인되나 남한에서는 5세기 이후에야 비로소 출현한다. 고구려 고분벽화 중에는 가마솥이 걸린 주방의 모습이 생생하게 그려져 있으며, 신라의 경우에는 금령총, 황남대총, 천마총 등의 고총에서만 솥이 출토되어 일반인들에게도 솥이 보편적으로 사용되었다고는 볼 수 없다.

| 서울 구의동유적 출토 쇠솥(복천박물관, 2005) |

토기의 발생과 혁신

점토를 변화시켜 세라믹 계통의 물품을 만드는 기술혁신은 인류의 역사를 통해 볼 때 꽤 늦게 등장하는 편이다. 돌, 뼈, 나무를 가공한 도구는 토기보다 수 만년이나 일찍 시작되었다. 그렇다고 점토의 유익한 성질이 그토록 오랫동안 알려지지 않은 것은 아니었다.

점토라는 점성이 있는 토양은 쉽게 주물러져 어떤 형태든 잘 만들어지기 때문에 초기인류도 틀림없이 점토가 여러모로 쓰임새가 있다는 사실을 깨달았다. 오랜 시간을 거쳐 점토가 불에 의해 아주 견고한 물질로 바뀌는 현상이 수없이 목격 되었을 것이고 마침내 인류는 그러한 물품을 만들어내기 위해 의도적으로 불을 이용하고, 또 조절하기 시작했다.

인간이 점토를 가공하여 도구의 한 종류로 만들기 시작한 것은 지금으로부터 불과 1만 년 전의 일이다. 신석기시대가 시작되면서 보다 안정적으로 식량을 확보하게 된 것과 맞물려 나타나는 현상이다. 해안 지역이나 야생의 식량이 풍부한 지역, 혹은 농작물을 재배하기 시작한 곳에서 토기가 발생하게 된다.

토기라는 것이 깨지지 않게 들고 다니는 것이 어렵기 때문에 이동생활을 하는 수렵채집 사회에서는 사용될 수 없다. 그래서 정착사회로의 전환이 토기사용에 중요한 역할을 한 것으로 이해할 수 있다.

| 한국 최초의 토기가 확인된 제주 고산리유적(국립중앙박물관, 2008) |

다양한 시루들

기원전 1세대부터 많이 사용되는 시루는 기원 후 3세기에 이르면 지역마다 형태와 수증기 구멍이 다양하게 나타난다. 한강 유역과 강원도 지역의 시루는 바닥이 편평하고 가운데에 큰 구멍을 뚫고 주위에 중앙보다 작은 원형 또는 삼각형의 구멍을 배치하였다. 수증기의 구멍이 큰 점이 특징이다. 몸통은 아가리로 가면서 경사지고, 몸통 중간에 쇠뿔모양의 손잡이를 붙였다. 영산강 유역의 시루는 바닥이 편평하고 지름이 10mm보다 작은 원형 구멍을 바닥과 몸통 아래에 뚫어 수증기를 빨아올리고, 몸통이 드럼통처럼 되고 벌어진 아가리가 있다. 몸통 윗부분에 쇠뿔모양의 손잡이를 붙였다. 와질시루는 둥근 바닥의 중앙에 긴 네모꼴의 짼 구멍을 3개 뚫고, 그 주위에 방사상으로 나무칼로 짼 구멍을 배치하여 수증기 구멍을 만들었다.

시루의 형태차이는 지역마다의 토기문화의 차이를 나타냄과 동시에 시루가 놓이는 물을 끓이는 토기의 형태차이도 있다. 한강 유역과 강원도 지역은 물을 끓이는 토기가 항아리이며, 영산강 유역과 낙동강 유역의 물을 끓이는 토기가 몸통이 긴 연질독이 많이 사용되었다. 그리고 시루의 선진성과 후진성도 형태에 반영되어 있는데, 한강 유역과 강원도의 시루가 영산강 유역과 낙동강 유역의 시루보다 기능이 향상되었다.

| 창원 남산유적 출토 시루(창원대학교박물관, 2011) |

토기를 굽는 가마

가마는 토기를 굽는 시설로, 열과 공기를 차단하는 시설이 없는 노천가마와 그것을 갖추어 외부와 밀폐시킨 밀폐가마로 구분된다. 해안가나 주거지 내에서 확인되는 시루, 옹 등의 토기는 섭씨 900도 이하에서 산화염으로 소성된 적갈색 연질토기로서 노천가마에서 소성된 것이다.

무덤에 부장되는 고배나 항아리와 같은 도질토기는 섭씨 1000~1200℃(도)까지 올릴 수 있는 밀폐가마에서 소성된 것이다.

| 진주 대평유적에서 확인된 청동기시대 노천가마 |

| 함안 우거리유적에서 확인된 가야시기 밀폐가마 |

2) 나무그릇 이야기

목기는 재료를 구하기 쉽고, 가벼우며, 가공도 쉽기 때문에 일상생활에 많이 사용되었다. 그러나 쉽게 부식되기 때문에 오늘날까지 남아있는 경우는 그리 흔치 않다. 따라서 습지와 같은 포함한 환경에서만 목기를 확인할 수 있다.

한국에서 목기가 확인된 대표적인 유적으로는 광주 신창동 저습지 유적, 창원 다호리유적, 창녕 송현동고분 등이 있다.

광주 신창동유적의 저습지는 나지막하게 뻗은 구릉과 구릉 사이에 발달하고 있는 곡간충적지 하부에 위치한다. 즉, 곡간의 입구가 홍수시 범람에 의해 막히면서 습지성 호소가 만

| 광주 신창동유적 출토 각종 목기(복천박물관, 2005) |

들어졌다. 이 호소는 구릉의 상부지역에 형성된 주거지역과 호수주변에 위치한 것으로 추정되는 목기공방 사람들에 의해 생산된 생활 잔존물을 흙 등으로 메운 것이다. 장기간에 걸친 호소의 이용은 결국 생활 잔존물이 채워져 평지화가 진행되었다. 특히 이들 생활 잔존물의 중심 요소는 엄청난 양의 벼 껍질 층이며 다량의 습기를 포함하고 있었다. 따라서 그 내부에서 각종의 목기와 칠기를 비롯한 목제유물과 함께 토기류, 그리고 각종 씨앗류 등 당시의 생활문화를 알 수 있는 여러 자료가 출토될 수 있었다.

이 가운데 표면에 옻칠을 한 칠기들은 창원 다호리유적, 창녕 송현동유적에서도 출토되었다. 칠기 용품은 칠의 특성상 많은 장소에서 동시에 재배된다거나 원거리 운반, 더불어 장기보관이 어렵다는 점 때문에 칠을 취급하는 특수한 집단에 의한 칠기 제작을 추정할 수 있다. 이처럼 전문집단에 의해 제작된 칠기 출토 상황을 보면, 이 시기의 칠이란 일부 계층에 한정되었던 고급품이었음을 알 수 있다. 특히 당시의 칠기는 목태 칠기 제작이 중심이었으므로 이런 칠기 제작기술은 청동기시대 이래 기술이 지속적으로 발전되어 오던 목기

| 창녕 송현동 고분 출토 옻칠국자 (국립가야문화재연구소, 2010) |

제작기술에 칠기 제작 기법이 더해져 독창적인 전통을 유지하면서 발전하게 된 것으로 볼 수 있다.

| 창원 다호리유적 출토 옻칠이형목기(국립중앙박물관, 2009) |

다호리 통나무관 출토품을 통해 본 칠기 문화

다호리 1호 무덤에서는 철기, 칠기, 청동기, 토기, 옥 등이 출토되었다. 이 가운데 칠기는 다른 곳에서 찾아볼 수 없을 만큼 많은 양이 확인되었는데, 그 종류도 다양해서 당시의 칠문화 수준을 가늠할 수 있다.

칠은 나무뿐만 아니라 금속과 토기에도 두루두루 사용되어, 그릇 · 무기 · 공구 등 각종 도구를 장식하였다. 특히 칠기 붓, 칠기 부채자루, 칠기 칼집 등은 당시 중국의 칠기와는 달라 변한지역의 칠기 문화가 독창적이었음을 알 수 있다. 또한 1호 무덤에서 확인된 붓과 손칼은 변한사회에서 이미 문자 사용이 이루어지고 있었음을 짐작케 한다.

한편 다호리 유적에서는 중국 동경이나 오수전과 같은 중국계 유물이 발견되었는데, 문헌에서 확인되는 바와 같이 삼한시기의 변한이 낙랑군 또는 중국과 활발히 교섭하였음을 보여준다.

| 창원 다호리유적 출토 1호 목관묘(국립중앙박물관, 2009) |

| 창원 다호리유적 출토 중국동경(국립중앙박물관, 2009) |

| 창원 다호리유적 출토 각종 옻칠목기(국립중앙박물관, 2009) |

3) 요리의 흔적들

토기 표면을 관찰하여 보면, 표면에는 그을음 이외에도 음식물을 끓였거나 또는 삶은 흔적을 관찰할 수 있는데, 토기 안쪽에 흔적이 있는 경우, 아가리에 음식물이 남아 있는 경우, 바깥면에 흘러내린 자국이 있는 경우 등이 있다. 밥을 짓거나 음식물을 끓일 때, 불 조절을 적당하게 유지하지 않고, 열기가 셀 때 음식물이 끓어 넘치는 경우가 많다. 특히 밥은 끓어 넘친 후 불을 약하게 하면서 뜸을 들이는데, 끓어 넘친 물이 아가리에 붙거나 또는 표면에 흘러내린 자국이 생기는 경우가 있다. 그리고 다른 음식물의 경우도 불 조절을 실패

| 가열방식에 따른 조리흔 및 용기의 종류(복천박물관, 2005) |

야외 화덕 취사

독(甕) 김해 봉황대 진입로 개설구간 27호

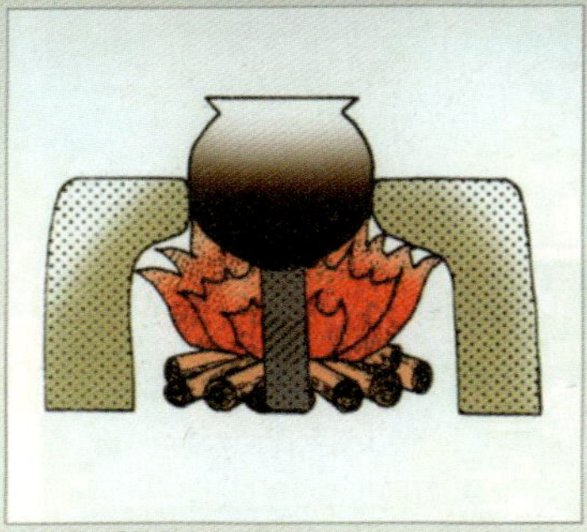

부뚜막을 이용한 취사

독(甕) 김해 예안리 120호묘

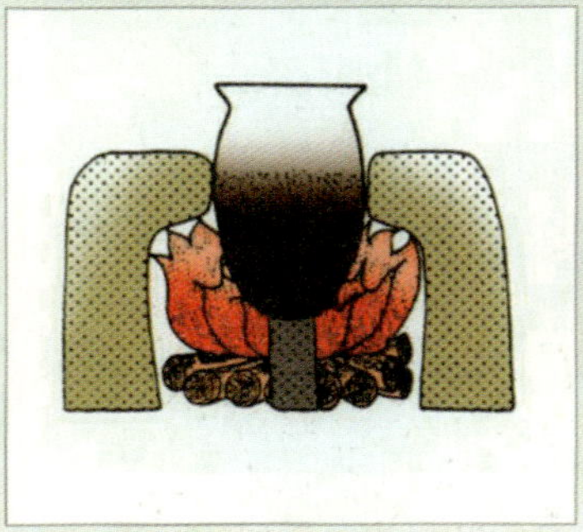

부뚜막을 이용한 취사

독(甕) 사천 늑도

하면 끓어 넘칠 때가 많게 되는데, 끓어 넘치는 음식물이 아가리에 붙어 있거나 또는 바깥면에 넘쳐서 흘러내린 흔적이 남아 있는 예를 발견할 수 있다. 이러한 흔적은 대부분 용량이 크지 않은 작은 토기에서 주로 나타난다. 작은 토기에 음식물을 끓였을 때, 불을 조절하기가 쉽지 않았기 때문이다.

토기는 선사와 고대의 저장용기와 취사용기로 사용되었는데, 저장용기와 취사용기 모두에 곡물이 담겨 있는 것은 당연하다. 곡물이 취사용기에 담겨 있다면, 취사하기 위한 것이거나 취사 도중 또는 취사 완료 후의 것일 수 있다. 취사용 항아리는 높이가 15cm 내외로 용량이 크지 않고, 표면 전면에 그을음이 묻어있어 취사용기로 사용되었음을 보여준다.

| 청동기시대 조리용토기인 발형토기(진주청동기문화박물관, 2012) |

조리의 완성물인 요리는 사람이 먹고자 하는 최종물이기 때문에 남아 있는 예는 극히 드물다. 뿐만 아니라 음식재료

ㅣ합천 영창리유적 27호 가마에서 확인된 음식물(복천박물관, 2005)ㅣ

또는 조리 도중의 음식물은 저장 또는 불에 타서 남아있을 가능성이 높은 반면, 우연에 의해서 요리가 방기되었다 하더라도 곧 썩어버리기 때문에 남아 있을 가능성은 그만큼 적다. 현재 알려진 남아있는 요리로는 합천 영창리유적의 27호 토기가마에서 출토된 것이 유일하다.

영창리유적 27호 토기가마에서 출토된 요리물은 길이 3mm 정도의 쌀알이 뭉쳐진 덩어리이며, 밥으로 추정된다. 조리되지 않는 상태의 쌀알일 경우, 낱알로 출토되어야 하지만 덩어리로 출토되었다. 쌀알이 덩어리를 이룰 수 있었던 것은 조리 시에 죽처럼 걸쭉해지는 교질화(膠質化)가 이루어졌기 때문이다.

ㅣ강릉 안인리유적 출토 불탄곡물이 들어있는 항아리(복천박물관, 2005)ㅣ

흙솥

4~5세기가 되면 독의 어깨에 평편한 점토띠를 빙 둘러 붙여 만든 흙솥이 등장한다. 김해 봉황대유적에서 출토된 흙솥을 살펴보면 점토띠 덕분에 부뚜막에 안정적으로 걸쳐져 취사시간 동안 넘어질 염려가 없어 아래를 받치는 지각이 필요하지 않게 되었다. 점토띠 아래의 동체 바깥면은 검게 그을음이 묻어 있으나 위로는 그을음이 묻지 않아 실제로 사용되었음을 알 수 있다.

| 김해 봉황대유적 출토 흙솥(복천박물관, 2005) |

| 필자 : 천성주 |

Ⅳ.
가야의 마을과 주거지

1. 가야사람들의 집짓기

2. 가야사람들의 토목공사

3. 가야의 전문가(匠人)마을

1. 가야사람들의 집짓기

1) '집모양토기(家形土器)'로 본 가야의 집

| 초가집 모양토기(박천수, 2010) |

집모양토기를 통하여 우리는 가야 사람들의 집의 모습을 추정할 수 있다. 대개 가야 집모양토기는 초가집 형태로 지붕은 맞배지붕을 하고 있으며 출입구에는 사다리가 설치되어 있다. 지붕은 새끼줄로 이엉을 얽어맨 모습을 연상하게끔 표현되어 있다. 또한 지붕한쪽에 원통모양의 주둥이를 붙여 굴뚝을 표현함과 동시에 주전자로서의 기능도 갖추었다고 할 수 있다.

다시 말하면 집모양토기는 술이나 물을 따를 수 있는 주구(注口)가 달려 있는 일종의 병과 같은 토기로서, 무덤 속에 넣어주는 명기(明器)로 만들어지거나 제사용으로 사용된 것들이다. 집모양토기의 형태는 평소 살던 집과 소유하고 있는 창고 등을 본뜬 것으로 당시의 집 모습을 사실적으로 표현하고 있다.

비록 죽은 자를 위한 집이지만 집모양토기는 당대를 살았던 사람들의 주거문화나 생활양식을 그대로 담고 있기 때문에 그 시대의 건축양식과 건축물의 구조 등을 이해할 수 있는 귀중한 자료이다.

집모양토기의 형태

| 창원다호리 출토 고상건물식 집모양토기 (국립중앙박물관, 2000) |

집모양토기의 형태를 자세히 살펴보면 몇 가지로 나눌 수 있다. 하부구조가 기둥받침으로만 이루어진 고상식(高床式), 벽체시설이 지상까지 내려와 있으나 집의 출입문이 사다리를 타고 올라가도록 되어 있

는 반고상식(半高床式), 그리고 출입문까지 지상에 설치된 완전한 지상식(地上式) 등이 있다.

지상가옥의 지붕은 대부분 맞배지붕이며, 가로로 엮은 줄을 표현하고 있는 것으로 보아 초가지붕을 엮은 것으로 보인다. 기와지붕을 표현한 것도 있으나 초가지붕이 대부분이다.

내부 환기를 할 수 있는 환기구멍이 지붕을 받치는 들보 사이로 나 있는데, 빛과 공기를 투과시키는 창문과 같은 역할을 한 것으로 보인다. 창고형이 아닌 일반가옥형의 토기에는 굴뚝이 부착되어 있다. 이것은 고상가옥 안에도 내부 화덕시설이 되어 있었다는 사실을 알 수 있게 한다. 고상식이나 반고상식은 목조가옥이므로 가옥 내의 화덕 시설은 아궁이형 토기를 구비했다고 보이며, 수혈식주거지에서 나타나는 온돌 형태의 난방시설은 불가능했을 것이다. 온돌구조가 도입되는 것은 적어도 반지상식 혹은 지상식가옥으로 정착한 뒤에라야 가능했다.

집모양토기의 변화

집모양토기는 시기에 따라 그 형태가 다르다. 현재까지 가야와 신라의 집모양토기 중 가장 이른 것은 경주 사라리 5호분에서 출토된 4세기대의 토기로서 원통형 대각과 주구가 부착되어 있다. 5세기대 유물은 출토지를 알 수 없지만 고상건물에 가까운 형태이다. 앞 시대에 비해 원통형대각은 사라지고 건물의 기둥형태로 묘사되어 있지만 주구는 여전히 남아 있다. 그러나 6세기대가 되면 주구가 남아 있는 경우도 있지만 토기의 형태보다는 집의 형태를 축소한 모양으로 바뀌어 간다. 또한 고상건물형태보다는 지상건물로 전환되고 있다.

| 기와집 모양토기(박천수, 2010) |

집모양토기 부장의 의미

고구려의 고분벽화에는 집안에서의 일상생활, 건물도, 목조건축 결구도, 공포 등을 묘사한 경우가 많으며 가야, 신라 등에서는 무덤에 집모양토기를 부장하고 있다. 이렇게 무덤 내부에 집을 묘사하거나 집모양토기를 부장하는 경우는 중국, 일본에서도 나타나는 공통된 현상이다. 중국은 한나라 때에 건축명기(建築明器)를 만들어 부장한 이후 벽화를 거쳐 점차 무덤 내부를 집의 형태로 조성하고 있으며 일본 역시 전방후원분에 집모양토기를 매납하고 있다.

| 경주 북군동 8세기 기와 집모양 뼈그릇 |

이처럼 동아시아에서의 집모양토기는 죽음 저쪽의 세계에서도 이 세상에서와 같은 안식이 있기를 기원하는 마음을 표현한 것이며, 아울러 무덤이 제2의 집이라는 세계관이 반영

된 것으로 보인다.

2) 수혈주거와 고상건물

수혈주거(竪穴住居)

수혈주거는 땅에 구덩이를 일정한 깊이로 파고, 바닥을 편편하고 단단하게 다진 다음 둘레에 기둥을 세워서 지붕을 덮은 움집을 말한다. 신석기시대부터 가야시대까지 가장 많은 비중을 차지하며 오랜 시기 동안 애용된 주거형태이다.

수혈주거의 평면 형태는 원형이 가장 많다. 원형으로 된 주거바닥에 기둥을 원추형으로 올려 세워서 지붕을 지상까

| 진주 평거동 수혈주거지(경남문화재연구원, 2010) |

지 닿도록 한 움집 형태다. 원형 이외에 방형과 장방형도 다수 있는데, 바닥에서 바로 기둥을 중심으로 향하여 맞배지붕으로 올린 형태가 가장 많다. 수혈건물의 발전과정에서 가장 완성도 높은 시기는 삼국시대이며 수혈주거의 축조기술도 최정점에 있었다. 이후 통일신라와 고려시대에 이르러 점차 지상건물이 발전하면서 퇴화되었다. 오히려 조선시대가 더 이상 새로운 발전 없이 가장 퇴화한 양식을 보이며 구조적으로도 취약한 편이다. 다만 내부에 설치되는 구들구조는 온구들로 발전하고 있다.

고상건물(高床建物)

고상건물은 오늘날의 원두막모양으로 추정할 수 있는데, 아래는 기둥으로 된 하부구조를 가지고 있으며, 상부구조는

| 김해 관동리 고상건물지(삼강문화재연구원, 2009) |

벽체시설과 지붕 등 일반 가옥의 형태와 크게 다르지 않다. 발굴조사에서는 땅을 파지 않고 기둥을 세운 흔적인 기둥구멍(柱穴)만 확인되고 있으며, 구멍의 배치는 방형, 장방형인 것이 다수이지만 육각형, 팔각형으로 된 것도 있어 다양한 형태로 축조되었을 것이다.

고상건물은 나무위에 지은 수상가옥(樹上家屋)에서 발전한 것으로 추정된다. 이 가옥은 습기와 맹수, 뱀 등의 피해를 막기 위한 전형적인 남방식 주택인데, 그 아래 돼지와 같은 가축을 사육하는 경우도 있다. 또한 고상건물은 바닥이 지면에서 떨어져 있기 때문에 습기를 방지할 수 있으며, 해충이나 동물로부터의 피해도 어느 정도 막을 수 있는 장점이 있다. 따라서 곡식이나 해산물을 말리고 저장하는 창고의 기능을 하였으며, 규모가 크고 독립적으로 축조된 것은 회의장소나 망루, 신전(神殿) 등으로 이용되기도 하였다.

| 창원 가음정유적 기둥구멍과 목제기둥(창원대학교박물관, 2001) |

일반적으로 가야시대 취락에서 수혈주거는 주거용으로 고상건물은 창고 등 부속시설물 또는 공공시설물로 이해되고 있다.

주거용으로서의 고상건물

최근에 발굴조사된 취락유적을 살펴보면 가야시대 중요 고상건물 축조집단의 성격은 유적의 입지와 관련성이 있다. 고상건물 유적의 입지는 대체로 물과 가까이에 위치하고 있어 음료수의 확보가 용이하며 물을 이용한 경제활동을 하였던 것으로 보인다.

가야시대 항구시설이 조사된 김해 봉황동유적, 관동리유적에서 확인된 고상건물지들은 교역과 관련된 창고, 망루

| 김해 관동리 고상건물 복원 모습 |

등의 부속시설로 사용되었을 것이다. 하지만 주거용으로 이용되었을 가능성이 없는 것은 아니다. 『일본서기』 경행기 40년에 수혈건물은 겨울용 주거, 고상건물은 여름용 주거로 계절에 따라 주거지가 분리되어 있었다는 기록이 있기 때문이다. 그러나 고상건물이 여름용 주거라고 하더라도 기본적인 취사를 해결하기 위해서는 노지 등 부속시설이 필수적이나 발굴조사된 유적들 중 고상건물 외부에서 노지가 발견된 예는 없다. 따라서 가옥내에 취사를 위한 별도의 시설이 있었을 가능성이 높다. 가야시대 고상건물 가옥 내의 노지는 화재예방이 어느 정도 가능한 아궁이모양 토기를 사용해서 난방과 취사가 이루어지게 하였을 것이다.

가야시대의 고상건물은 당시인들이 경험적으로 얻은 구조역학적인 지식을 동원해서 만든 완성된 건물이지만 발굴

| 아궁이모양토기(국립중앙박물관, 2000) |

| 김해 망덕리 출토 나무 못 |

조사로 얻을 수 있는 것은 기둥흔적에 불과하다. 따라서 자료의 한계로 정확한 상부구조 및 방 배치 등을 추정하기 어렵다보니 지극히 단순한 구조의 건물이자 수혈건물보다 축조가 용이한 것으로 인식하기 쉽다. 그러나 실험고고학적 연구에 의하면 예상 외로 많은 양의 목재가 필요하며 구조적으로도 오히려 수혈건물 축조보다 어렵다고 알려져 있다.

북방문화와 남방문화의 만남 전통한옥

가야시대의 가옥 형태는 크게 북방식인 수혈가옥과 남방식인 고상가옥이 있었다. 이 중 수혈가옥은 수혈의 깊이가

| 부산 기장 가동 유적 지상건물지(울산대학교박물관, 2009) |

얕아지고 벽체시설이 생겨서 점차 지상화되어 가고 있었고, 고상가옥은 점차 지상으로 정착하여 지상식으로 내려오는 과정에 있었다. 이 두 종류의 가옥이 만나서 전통한옥의 전형적인 구조가 만들어지는데, 수혈식은 온돌방으로, 고상식은 대청마루로 구성된다.

따라서 전통한옥은 북방문화와 남방문화의 조화로운 만남이라고 하는 것이며, 가야의 주택은 바로 이 전통한옥이 만들어지는 발전과정상에 위치하고 있었다.

3) 온돌 그리고 부뚜막

조선에 머물렀던 서양 선교사들은 "방바닥 아래에는 오븐 같은 것이 있는데 겨울에는 날마다 불을 때어 따뜻하게 한다"라고 우리나라의 온돌을 잘 설명하고 있다.

온돌이라 함은 구들과 같은 용어로 크게 아궁이, 고래, 굴뚝으로 구성된 전통적인 난방 및 취사시설이다. 구들이란 말보다 온돌(溫突)이 좀 더 익숙해 보이지만 온돌이 한자말이라면 구들은 '구운 돌'이라는 뜻의 순수 우리말이라고 할 수 있다. 즉 돌을 데워서 난방한다는 말이다. 구들은 바람과 기후조건을 잘 따져서 아궁이와 고래구멍, 굴뚝을 배치해 연기가 나지 않고 난방이 잘 되었다. 아랫목은 낮고 윗목은 높게 구들장을 놓고, 아랫목은 두껍게 흙을 바르고 윗목은 얇게 발라 열전도율의 균형을 맞추었으니 선조들의 열관리 지식이 상당한 수준이었음을 알 수 있다.

| 사천 늑도 유적 부뚜막과 석재온돌이 설치된 주거지 |

온돌의 발생과 발전

온돌은 기원전 3~2세기에 한반도 북부지역에서 발생하여 한반도 전체로 파급되었으며 철기문화의 확산과 관련이 있다고 알려지고 있다. 고고학적인 자료를 통해 볼 때 가야시대가 되면 이미 일반인들도 보편적으로 사용하였다.

삼국시대 이래 통일신라~조선시대까지 지속적으로 건물지를 특징짓는 요소는 아마 부뚜막과 온돌이다. 보통 전통 한옥의 온돌은 고래 위에 구들장을 깔고 그 위를 생활면으로 하는 데 반해 삼한 · 삼국시대의 것은 고래가 지하에 있는 것이 지상으로 돌출된 마치 페치카와 비슷한 구조이다.

삼한시대 온돌의 축조 재료는 석재가 많지만 가야시대가

되면 오히려 점토를 사용한 예가 많다. 이러한 온돌 축조재료의 변화는 실내로 연기가 누출되는 것을 줄일 수 있고, 수리와 보수가 용이하며, 열효율을 높일 수 있기 때문이다.

신라와 가야의 온돌의 차이

대체적으로 신라지역의 주거지는 방형의 평면 형태를 가지고 벽을 따라 기둥을 세운 형태가 특징적이다. 신라 역시 가야와 같이 취사와 난방의 겸용시설인 온돌과 부뚜막이 설치되지만 부뚜막이 온돌보다 훨씬 많이 설치되었다.

반면에 가야지역은 점토구들이 주거지의 벽면을 따라 설치된 타원형 수혈주거지가 특징이라 할 수 있다. 가야시대

| 진주 평거동 유적 점토로 만든 온돌이 설치된 주거지(경남문화재연구원, 2010) |

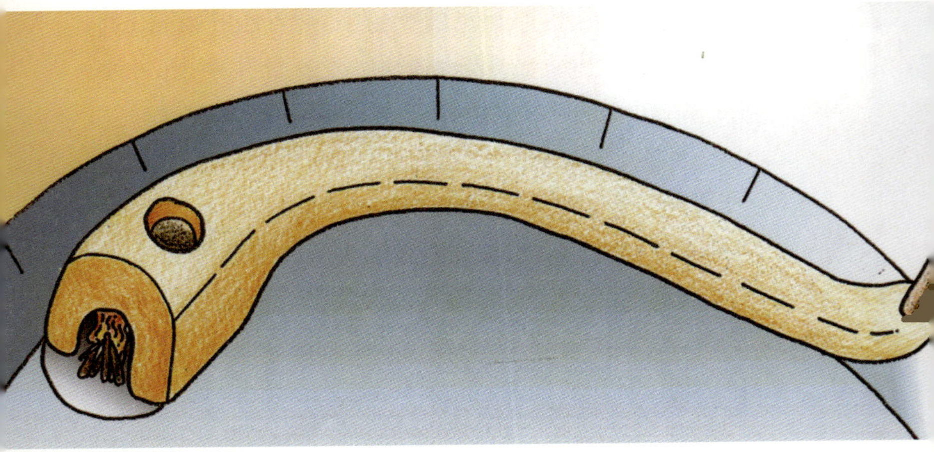

| 온돌모식도(공봉석, 2011) |

주거지의 평면형태는 타원형으로 대체적으로 온돌의 위치는 북쪽에 배치하고 그 반대편인 남쪽에 출입시설을 확인할 수 있다. 그러나 기후와 지형에 따라 온돌은 효율적인 난방과 기능의 극대화를 위해 지형 및 바람의 방향에 따라 그 위치가 다양하다.

여성의 공간 온돌과 부뚜막

선사시대에는 노지가 건물의 중앙에 위치하여 가족구성원 모두가 취할 수 있는 공간이었다. 그렇지만 가야시대에 들어서면 난방과 취사를 겸할 수 있는 시설인 온돌과 부뚜막이 가옥내 일정한 공간에 자리 잡으면서 주로 여성이 활용했던 장소가 되었다. 온돌의 등장 · 발달은 굴뚝과 부엌의 발달을 의미하기도 한다.

| 옛날 부엌모습 |

분리된 부엌은 그 자체가 독립적인 생활공간이 되었다. 그리하여 부엌의 부뚜막에 모신 조왕신은 여성들이 중심이 되어 모시는 가장 강력한 신이 되었다. 이를 증명하듯 발굴조사에서는 부뚜막을 폐기할 때 조왕신을 모시던 사람(주로 여성)이 사용하던 귀중품인 청동제 비녀, 방추차, 철도자 등을 올려놓는 폐기의례가 확인되고 있다.

부뚜막의 등장

부뚜막은 부엌 아궁이 위에 흙과 돌을 쌓아서 솥을 올려놓은 곳으로 단순한 노지의 개념은 아니다. 부뚜막의 설치는 조리방식에의 큰 변화와 조명시설의 발전을 가져왔다. 그리고 부뚜막과 화덕은 형태상 유사한 구조이나 화덕은 부엌 안에서 취사능력이 모자라는 경우나 여름철 아궁이에 불을 지

| 부뚜막 모식도(공봉석, 2011) |

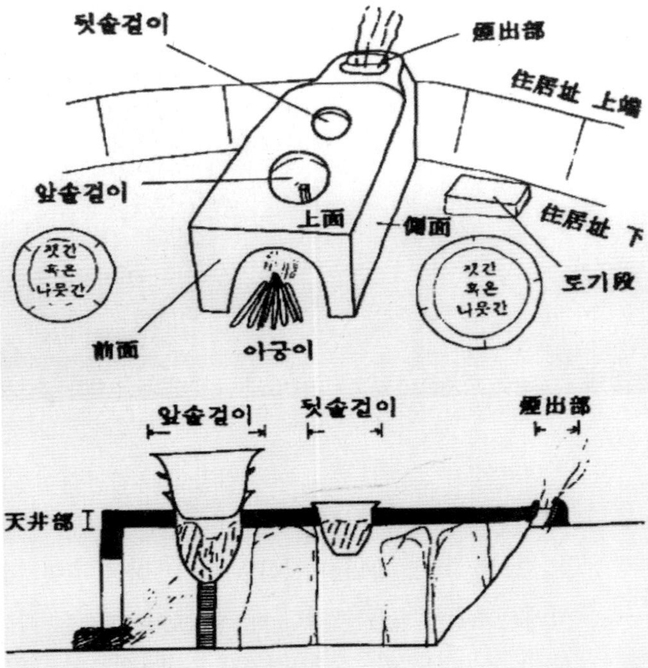

필 수 없을 때 부엌 뒤 또는 야외에 솥을 얹어 놓고 만든 임시 구조물을 말한다. 따라서 건물지 내에서 확인되는 취사용 구조물은 부뚜막이라는 용어가 타당하다. 부뚜막은 주거공간 내부의 난방과 조명을 제공해주며, 취사행위가 이루어지는 공간이다. 그리고 수면공간은 당연히 그 주변이 될 것이다.

그러나 취사할 때 외에는 더 이상 불을 피우지도 않을 뿐 아니라 아궁이 속의 불꽃만으로는 방 전체를 밝힐 수 있는

| 오늘날의 화덕 |

| 구들장 삼겹살 |

수준의 조명도 안 된다. 결국 조명기능은 약화되고 취사전용 기능으로 변하게 된다. 따라서 부뚜막의 등장은 조명시설이 별도로 필요하게 되어 등잔이나 초와 같은 조명기구가 등장할 수밖에 없었다.

요즘에도 구들장에 삼겹살까지 구워먹고 있으니 우리나라가 '구들의 나라'인 것은 분명한 것 같다.

4) 화재주거지

고고학자들은 화재로 갑자기 폐기된 주거지를 아주 좋아한다. 화재주거지는 갑자기 불이 났을 때 가재도구를 정리

| 진주 평거동 유적 화재주거지(경남발전연구원 역사문화센터, 2011) |

할 시간도 없이 몸만 빠져나오기 때문에 많은 유물이 온전하게 남기 때문이다. 이와 반대로 보통 가재도구를 모두 가지고 이사 혹은 이동을 하였을 경우 주거지 내부에는 토기 조각 몇몇 개만 덜렁 남아 있는 경우가 많다. 그런데 화재주거지 역시 고의로 불을 낸 경우와 그렇지 않은 경우로 나눌 수 있다.

고의에 의한 화재

고의에 의한 경우는 의도적인 소각 처리에 앞서 대부분의 필요한 유물과 목재를 가지고 나가기 때문에 소량의 유물 파편만 확인되고, 또한 목탄도 소량 출토된다. 다만 집주인의 입장에서는 사용 가능한 것을 모두 가지고 가고 싶었으나, 물건이 크거나 무거워서 버려지는 것들도 있었다.

| 화재실험으로 본 수혈주거지(오승환, 2010) |

가족구성원이 전염병이나 질병으로 사망했을 때 기피적인 행위로서 집을 소각했다. 『삼국지』에는 질병으로 사망했을 때 집을 폐기했다는 기록이 있는데, 이러한 집이 불태워졌을 것이며 가재도구 또한 그대로 둔 채로 불을 질렀을 것이다.

불의의 화재

불의의 화재가 발생한 주거지는 생활 당시에 실화(失火)·비화(飛火)·방화(放火) 등으로 인해 폐기된 주거지이다. 집주인이 사용하던 가재도구들, 소형부터 대형에 이르는 완형의 유물이 생활면에서 출토된다.

실화는 부주의에 의한 화재로 취사나 난방 등을 위한 불의 사용은 실화의 가능성을 항상 가지고 있었다.

비화는 실화나 방화에 의해 한 주거지가 화재를 당한 경우, 주변에 위치한 주거지로 화재가 번지는 것을 말한다. 이웃에 화재가 났다면, 이를 대비하여 중요 유물 등은 급하게 챙겼을 것으로 판단되므로 곡물이 담긴 토기 등은 남아 있지 않다. 또한 중요한 가재도구도 출토되지 않을 가능이 높다.

방화는 주거인의 의지와는 무관하게 타인에 의해 화재를 당한 불의의 화재이다. 전쟁 등 긴장관계로 인한 방화의 경우에는 주거지 1~2동의 화재가 아닌 마을 전체가 화재가 날 가능성이 높다. 방화로 인해 폐기된 주거지의 유물 양상은 완형의 유물이 제 위치에 있거나 옆으로 쓰러져 있으며, 생활 당시 유물이므로 소형부터 대형의 유물까지 가재도구가 생활면에서 출토될 것이다. 실화와는 달리 목숨의 위협

| 불에 탄 수혈주거지 실험모습(오승환, 2010) |

| 벽 가장자리에 설치된 온돌(경남문화재연구원, 2010) |

으로 피신하기 급급하여 가재도구 등을 챙겨가기는 어려웠을 것이기 때문이다.

온돌 그리고 화재주거지

많은 수의 가야시대 주거지에서 화재의 흔적이 확인되고 있다. 이러한 이유를 명확하게 말할 수 없지만 다만 이 시기에 널리 온돌이 사용됨으로써 불의 사용방법에 대한 근본적인 변화가 있었던 것으로 추정되며, 이는 기존 중앙에 있던 불의 사용위치가 벽쪽으로 이동하면서 화재의 가능성도 더욱 높아졌을 것으로 예상된다. 특히 온돌과 부뚜막이 주거지의 벽과 평행하게 붙어있고 이 시기 건물의 벽이 목재나 풀 등으로 이루어져 있어 벽 가장자리에 설치된 온돌로 인한 화재가 빈번하였을 것이다.

5) 가야사람들의 주거지 리모델링

가야사람들도 요즘처럼 리모델링(증개축)을 통해 집을 넓혔다. 리모델링은 청동기시대 주거지에서도 확인되고 있다. 주거지의 증축은 벽을 확장하여 바닥의 면적을 넓힌다. 경우에 따라서는 노지나 주혈의 위치를 바꾸기도 한다. 벽을 확장할 경우 바닥에는 증축하기전의 벽주구나 노지, 주혈 등이 남아 있기 마련인데, 발굴조사에서 이 흔적이 찾아지므로 증축여부를 알 수 있다.

주거의 증축은 가족구성원의 증가로 볼 수 있다. 다시 말하면 수면공간의 크기에 따라 거주인원이 늘어나기 때문이다. 그리고 가족구성원의 수에 따라 거주를 넓히는 행동은 인류사회의 보편적인 행동이다. 증축은 출산에 의해 가족구성원이 늘어나고 이미 출산한 자녀가 노동력으로 성장할 때 이루어진다. 또한 가족이 늘어날 경우에 신축보다는 증축이 더 효율적인 것으로 보인다.

발굴조사에 확인된 리모델링

발굴조사 결과 가야시대 주거지는 주거지간 중복이 매우 심하다. 최근 발굴조사된 거창 양평리생활유적에서는 중복

| 거창 양평리 유적 주거지 중복모습(동아세아문화재연구원, 2010) |

되어 신규 조성된 주거지가 기존의 주거지를 거의 훼손하지 않고 배치나 위치가 거의 동일하게 축조되었다. 이러한 중복양상은 기존의 주거지에 대한 인식을 갖춘 상태에서 증개축 행위가 있었음을 알 수 있다. 동일 위치에 유사한 규모로 축조된 7-1호와 7호 주거지의 경우 주거지 내부에서 출토된 목탄의 AMS연대 측정결과 주거지간 연대차가 최대 40년 정도로 나타났다. 이러한 연대로 보아 1동의 주거지 존속기간이 1세대에 불과하여 잦은 증개축 행위가 있었던 것으로 보인다.

사천 봉계리유적의 경우 2중(重)에서 20중까지 중복이 이루어져 있다. 중복의 양상은 크게 옆으로 이동하는 경우(수평이동)와 낮은 곳에서 높은 곳으로 이동하는 경우(수직이동)로 구분된다. 특히 중복된 주거지의 토층단면을 살펴보면, 이미 폐기된 주거지 상부에 또다시 주거지를 조영하는 경우가 많은데 이는 구릉의 아래쪽에서 정상부쪽으로 이동하는 모양새이다. 증·개축의 흔적도 여러 주거지에서 확인되었다. 55호주거지의 경우는 구(舊)주거지를 일부 흙으로 메워 축소시켜 개축한 것으로 벽구가 舊주거지의 벽에서 최소 20㎝, 최대 150㎝ 정도 안으로 들어와 새로 설치된 것이다. 그리고 舊주거지에서는 주거지 폐기와 관련된 제사에 사용된 것으로 추정되는 토기가 벽도랑(壁溝)에서 확인되기도 했다. 반면 60호주거지의 경우는 최초 평면형태 원형의 주거지에서 2차례의 확장이 이루어져 긴 타원형으로 개축되었다.

| 거창 양평리 유적 주거지 확장모습 7호에서 7-2호로 확장(동아세아문화재연구원, 2010) |

| 진주 평거동 유적 주거지 중복모습(경남문화재연구원, 2010) |

2. 가야사람들의 토목공사

1) 성 쌓기

한국은 산성의 나라로 불릴 정도로 많은 수의 산성이 존재하고 있다. 나라를 뜻하는 '국(國)'이라는 글자가 성곽(口)을 창(戈)으로 지키는 형상에서도 알 수 있듯이, 성곽은 국가의 출현과 밀접한 관련을 지닌다. 아마도 고조선시대부터 산성이 존재하였을 것으로 추정되는데 바로 『사기』 조선전에 의하면 왕검성이 산성이었을 가능성이 있다.

삼국시대에는 삼국 간의 항쟁이 치열해 지면서 접경지대는 물론 왕도에 이르는 주요 교통로 거점 지역에 산성이 축조되

| 함안 성산산성 성벽모습(국립가야문화재연구소, 2009) |

어 군사와 행정의 중심지역할을 했다. 한국의 대부분의 산성이 이때(4세기에서 7세기 사이) 축조되었다고 해도 과언이 아닐 정도이다. 고대의 산성은 고려시대 이후 조선시대까지 계속 수축되어 활용된 곳이 많았다. 따라서 산성은 한국의 역사를 고스란히 담고 있는 타임캡슐과도 같은 존재이다.

성곽은 유적의 백화점이다.

성곽은 국가 주도로 축조된 유적으로 당시의 정치, 경제, 사회, 문화 모든 분야의 힘이 집중된 유적이다. 대규모 인력과 물자가 동원되다 보니 그 과정에서 자연히 축조세력의 역량이 총 집결될 수밖에 없다. 더구나 이를 유지하는데도 상

| 함안 성산산성 내부 집수지(국립가야문화재연구소, 2009) |

당한 수준의 인력과 물자가 투입되었다. 한 시기의 국가적 역량이 모두 투영되어 만들어진 유적이다.

따라서 성곽은 유적의 백화점이라 할 수 있는 복합유적이다. 시대에 따른 차이는 존재하지만 장기간의 농성이 가능하기 위해서는 내부에 다양한 시설을 갖추고 있었다. 각종 건물지, 수혈주거지, 저장시설, 저수시설, 사지, 제사유구, 가마터, 제철유구, 폐기장 등이 있었다.

토성(土城)과 석성(石城)

흔히 토성이 먼저고 석성이 나중에 만들어졌다고 알려져 있다. 하지만 꼭 그렇다고 볼 수는 없다. 토성이 입지하는 지역은 석성을 축조할 수 있는 석재가 부족한 경우가 많고 반대로 석성의 경우에는 주변에 양질의 석재가 풍부하다. 석재가 부족한 곳에서 석성을 고집하면 투입되는 비용이 크게 증가한다. 따라서 다원적인 관점에서 성곽축조 기술의 발전 문제를 고려해야 한다. 즉 석성은 석성 나름대로 토성은 토성 나름대로 각각의 발전 방향이 있다.

구산성지의 채석장 발굴

최근 진해 구산성지 인근에서 국내에서는 처음으로 구산성지와 관련된 채석장과 우물, 집자리 등이 발굴조사되어 주목되고 있다. 구산성지(경상남도 기념물 제73호)는 웅산에서 서쪽으로 뻗어 내린 구산의 8부 능선에서 조영된 퇴뫼식 석축산성으로 출토유물과 성벽의 축조수법을 통해 볼 때 6

| 진해 구산성지 채석장 복원 모습(동아세아문화재연구원, 2009) |

세기대에 처음 성곽축조가 이루어졌다고 판단된다.

구산성 아래쪽에는 구산성 축조와 관련된 가야시대 채석장과 고상건물지와 우물 등이 확인되었다.

국내에서 처음 확인된 성곽 채석장

채석장에서는 채석흔이 집중적으로 관찰되는데 채석은 쐐기를 사용한 채석, 정을 사용한 채석, 공구를 이용하지 않고 자연결을 이용한 채석, 불을 이용하여 높은 온도로 팽창시켜 채석한 것 등 다양했다. 가공한 석재는 사람이 직접 운반하였을 것으로 보이며 경사도가 높은 곳은 도르래 등의 기구를 이용했을 것이다.

| 진해 구산성지 채석장에서 확인된 여러가지 채석흔(동아세아문화재연구원, 2009) |

구산성에 사용된 석재는 화강암과 안산암, 현무암, 퇴적암 등 다양한 암석을 가공하여 성벽을 축조하였다. 확인된 채석장은 화강암만으로 구성된 것으로 보아 구산성 주변에 또 다른 채석장이 있었을 가능성이 높다. 화강암은 다른 암석보다 단단하기 때문에 주로 성문주변 등의 중요시설에 사용되었다. 따라서 구산성의 축조는 성의 시설에 따라 암석의 종류를 달리하여 사용되었던 것이다.

채석장으로 확인된 여러 지역이 있는데, 전남 화순, 경기도 강화, 경남 함안지역은 지석묘 축조를 위한 채석장이며, 함안 별천계곡은 말이산고분군의 축조에 따른 채석장이었다. 신라 경덕왕 19년에 가설된 춘양교(사적 제 457호)에서도 채석장이 확인되었지만 성벽 축조에 따른 채석장은 흔치 않다.

성곽 축조인들의 생활공간

채석장 아래쪽에서는 고상건물지와 우물이 확인되어 성벽 축조 당시 동원된 사람들이 거주한 생활공간이라고 할 수 있다. 고상건물은 여러 개의 군집양상을 보이는데 채석작업과 관련된 도구나 물품을 보관하는 창고와 실제로 부역인들의 생활공간과, 성곽축조 책임자들의 공간 등으로 나뉘어진다.

건물의 크기로 보아 한 건물당 6~10여명 거주 했을 것으로 추정되며 고상건물지 16동은 중복이 없으므로 같은 시기에 존재한 것으로 보인다. 이를 바탕으로 취락내 거주인원을 계산해보면 최소 96명에서 최대 160명까지 수용했을 것으로 보인다.

| 진해 구산성지 채석장 건물지 복원 모습(동아세아문화재연구원, 2009) |

그리고 고상건물 주변에서 불의 이용과 관련된 유구는 2기만 조사되었으며 건물 내부에서도 다른 흔적을 확인할 수 없어 취사는 개별 건물 단위가 아닌 공동식사 및 배급의 형태였을 것이다. 부역인들의 식수로 사용되었던 우물은 고상건물지 중앙에 위치한다. 우물은 성벽축조를 위한 채석이 끝난 후 의도적으로 폐기한 것으로 추정된다.

산성축조에 동원된 사람들은 누구인가?

함안 성산산성에서 발굴조사된 글자가 적힌 목간 25개 중 16개에 사람이름이 등장한다. 이 목간은 조선시대 호패처럼 산성축조에 차출되어온 사람들의 신분증으로 추정된다. 그런데 이 중 왕경인(王京人)은 하나도 없고 지방출신의 사람만 나오고 있다.

| 진해 구산성지 채석장 건물지 추정 수용인원 모습(동아세아문화재연구원, 2009) |

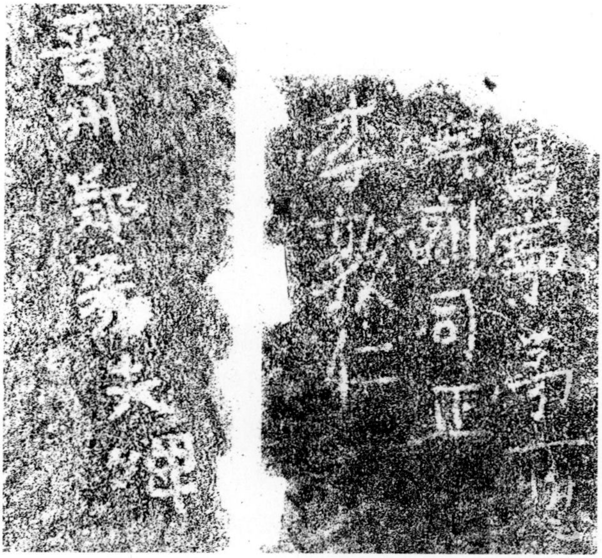

| 진해 웅천읍성 성벽에서 확인된 진주, 창녕 구역 명문(경남발전연구원 역사문화센터, 2010) |

그리고 경북지역에 있는 지명들이 목간에 다수 등장하는 것으로 보아 함안지역이 아닌 다른 지역의 사람들이 성산산성 축조에 동원되었음을 알 수 있다.

시기는 다르지만 조선시대 초에 건립된 진해 웅천읍성 역시 여러 지방의 백성들을 동원하여 쌓았음을 보여주는 명문이 성벽에 남아 있다. 웅천읍성의 축성 과정에서 처음에 최윤덕장군이 수군(水軍)으로 충당하도록 제의하였으나, 유사시에 수군의 동원이 염려되어 백성들의 부역으로 축조하였다. 부역 사실을 증언하는 귀중한 자료는 바로 남쪽과 동쪽 성벽에 새겨진 명문이다. 이 명문은 공역(工役)의 분담구역을 표시한 것으로, 창녕과 진주 사람들이 담당한 구역이 표시되어 있다. 이 명문석을 기점으로 성벽의 축조기법이 서로 다르다.

2) 제사유적

선사시대나 삼국시대에는 유구나 유적에서 제사와 관련된 것으로 규정하는 것은 쉽지 않다. 제사(祭祀)라는 것은 "신과 같은 초자연적인 존재에게 기원하거나, 공헌물을 가지고 받드는 의례적 행위"이다. 그리고 제사유적이라는 것은 제사를 실제 행하기 위한 목적으로 조성된 유적으로 그 개념의 구체성이나 분별 기준이 모호하다. 실제 제사유적, 제의유

| 부산 기장 대라리 유적(경남문화재연구원, 2011) |

적, 의례유적이라고 불리는 유적자체가 제사유적으로 인정받고 있는 곳은 그리 흔하지 않다.

구릉정상부의 제사유적들

최근 조사된 부산 기장 청강리 · 대라리유적의 경우 전체는 아니지만 하나의 구릉이 모두 제사와 관련된 유구가 집중된 지역이다. 독립구릉의 사면에 6열의 목책(木柵)이 돌아가고 있고, 그 안쪽 정상부에는 대형 고상건물지와 수혈식의 제사유구들이 조성되어 있어 이 구릉 전체가 모두 제사유적으로 볼 수 있다. 이 일원에서 중심이 되는 하나의 독립적인 집회 혹은 제의 장소로 추정된다. 그리고 실제 발굴이 이루어지지 않았지만 구릉정상부에 위치하고 있는 김해 구지봉 역시 구간들이 회의를 하거나 제의를 행했던 신성한 장소였다.

함안 도항리의 대형 건물지

함안 도항리 충의공원유적 역시 독립적인 입지에 주변이 잘 조망되는 구릉 정상부에 장축 40m 단축 15m의 장타원형 대형 건물지가 확인되었다. 이곳은 마을 사람들이 당산이라고 부르는 곳으로 넓은 충적대지의 독립성 구릉정상부에 위치하고 있다. 이곳은 주변의 지형을 관찰하기 용이하고, 주변 어느 곳에서도 잘 보여 입지적 우월성이 탁월하다.

이 대형건물지는 구조적으로 중앙열에 소나무를 이용한 대형 목주를 중심으로 가장자리 역시 목주를 세워 지지하는 고상건물이다. 이 건물은 그 형태와 구조 그리고 입지적인 조건 등을 감안했을 때 장기적인 주거역할을 수행하기에는 부적합하다. 따라서 일시적인 대규모 집단적인 행사를 위한 집회장소로 건축하였을 것이다. 건물의 규모로 보아 집회 수용인원은 적어도 200~300명은 충분히 가능하다. 그리고 출토유물로 보아 어느 한 시기에 집중된 것이 아니라 4세기대부터 5세대에 걸친 상당한 기간 동안의 유물이 출토되고 있어 오랫동안 대형 행사를 했을 가능성을 보여준다.

| 함안 충의공원 부지 유적(동아세아문화재연구원, 2006) |

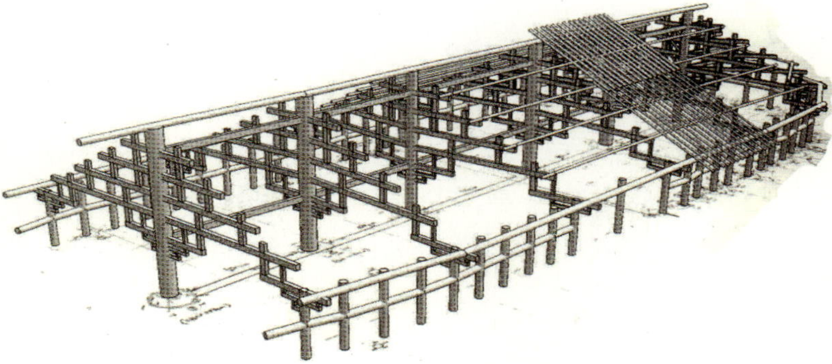

| 함안 충의공원 부지 유적 대형 건물지 복원도(동아세아문화재연구원, 2006) |

'고당회의'가 열린 장소?

『일본서기』에는 529년 아라가야에서 가야제국의 부흥을 위한 목적으로 고당회의라는 이름의 국제회의가 개최되었다

| 함안 충의공원부지 유적 대형건물지 복원 모습 |

는 기록이 등장한다. 함안 도항리 충의공원유적의 대형건물지로 보아 이곳이 고당회의가 개최된 장소로 볼 수 있다.

이 건물지가 고당회의 장소였다고 하더라도 이곳은 현재 당산이라는 지명에 부합되는 제사적 성격이 강한 신전이었다. 다만 유사시 회의장소, 집회장소로 활용되었을 것이다.

3) 도로 만들기

도로의 발생

도로는 사람이 잘 다닐 수 있도록 만들어 놓은 비교적 넓은 길을 말한다. 도로의 기원은 알 수 없지만 일반적으로 야생동물 중에는 일정한 통로를 따라 정기적으로 이동하는 것을 볼 수 있다. 사람들도 마찬가지였을 것이다. 반복되는 이동로가 길이 되고 도로가 되었을 것이다.

시기적으로 보아 신석기시대의 유적이 대부분 하천 및 해

| 창원 사림동 도로유적 전경(경남발전연구원 역사문화센터, 2009) |

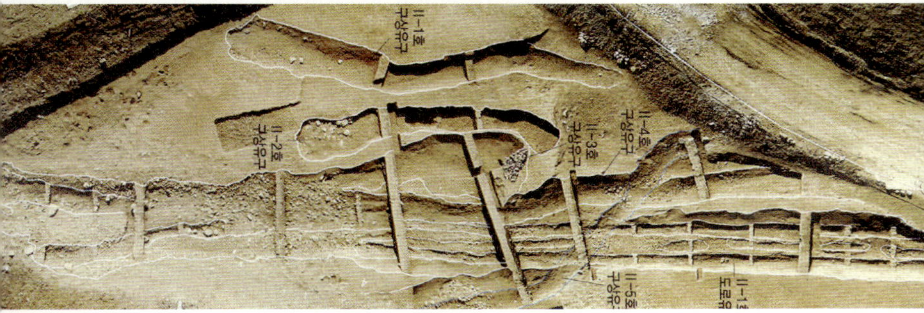

| 경주 계림로 출토 수레모양토기
(한국생활사박물관 편찬위원회, 2000) |

안 유역에 분포하고 있어 주로 수상 교통로를 이용하였을 것으로 추정된다. 그러나 청동기시대에 이르면 인간의 거주지역이 내륙으로 더욱 확산되어 수륙 루트를 모두 이용하게 되었을 것이며, 산지가 많은 지형적 특성을 고려한다면 고개를 통하였을 것이다.

고대 교통의 획기적인 발달은 수레의 발명을 통해 이루어졌다. 수레의 발달은 자연히 수레가 손쉽게 다닐 수 있는 도로의 확장을 촉진하였다. 이러한 도로를 통하여 지역 간에 교류가 급속히 증가하고 육상교통이 현저하게 발달하였다.

도로는 접근성이 용이할 뿐만 하니라 적은 노동력을 투입해서 만들 수 있는 지점이 우선 이용되었다. 즉, 도로의 조성, 노면정지 등의 구조적 측면에서 도로 주변의 자연지형이 큰 영향을 미쳤을 것으로 추정된다.

생활유적과 밀접한 도로

현재까지 가야지역에서 발굴조사를 통해 도로가 확인된 유적 대부분은 도로가 조성된 시기의 생활유구가 함께 나타

| 마산 진동 도로유적(경남발전연구원 역사문화센터, 2008) |

나고 있으므로 도로가 인간의 생활과 밀접한 관계가 있음을 보여준다. 즉 도로와 인접하는 곳에 마을이 형성되었을 가능성이 높다. 왜냐하면 교통의 편리가 마을의 발달의 주요한 요인이었기 때문이다.

따라서 도로는 곡간저지대나 선상지 말단부와 같은 평야지대가 주로 선택되었지만 부분적으로는 하천유역의 자연제방 또는 야트막한 구릉도 이용되었을 것이다. 또한 산지를 통과하는 곳에서는 고갯마루를 이용하여 교통로를 개척하기도 했다.

발굴조사에서 확인된 가야와 신라의 도로

지금까지 발굴조사된 가야와 신라시대 도로는 대체적으로 4세기~6세기대에 건설되었으며, 도로는 모두 개·보수 흔적이 있으며 통일신라, 고려, 조선시대, 현재까지 사용한 경우도 많다. 도로의 폭은 약 2.5m~6m 정도이며 도로 양옆에 30~80㎝ 내외의 도랑(側溝)을 가지고 있어 배수를 용의하게 하였다.

도로유적에서 확인된 수레바퀴 자국은 신라 왕경도로의 경우 폭이 0.9~1.1m인 소형 수레로 판단된다. 이에 반해 간선도로의 경우 1.76~2.0m로 왕경도로의 수레보다 1.5~2배 정도 크다. 이것은 왕경도로를 운행하던 수레는 단거리를 움직이는 소량의 물자를 싣는 작은 수레이며, 간선도로를 다니던 수레는 수도와 지역거점을 왕래하던 대규모 물자를 실은 수레였기 때문이다. 물론 왕경도로 내에서도 대형 수레 자국이 존재하였지만 잦은 개보수로 인해 사라졌을 수도 있다.

진주 평거동의 경우 삼국시대 대단위 논과 밭경작이 확인되었다. 수레바퀴자국은 경작지 외부에서 확인되는데 지속

| 김해 관동리 도로유적(삼강문화재연구원, 2009) |

적으로 운행한 것이 아니라 넓은 지역에서 상황에 맞게 일회성으로 수레를 운행한 것으로 보인다. 또한 이들 수레바퀴자국들의 흔적이 주거지에서 논을 가로질러 운행되었음을 알 수 있다. 따라서 수레가 운행될 시점에는 논경작이 이루어지지 않은 상태로 볼 수 있고 운행로도 일정한 범위를 가지는 도로의 개념이 아니라 일시적으로 운행되었던 것이다. 수레바퀴 자국은 凹 자형이며 양쪽 수레바퀴의 폭은 160㎝이다. 한쪽 수레바퀴자국 폭은 8~15㎝, 깊이는 5~15㎝이다. 이 도로는 일시적으로 생산물을 수확하여 이동하기 위한 운반도로로 추정된다.

| 김해 관동리 도로유적 배수를 위한 통로시설(삼강문화재연구원, 2009) |

울산 매곡동, 김해 여래리, 산청 하촌리유적의 도로들은 모두 취락내 혹은 주변을 경계로 확인되었다. 특히 김해 여래리는 제철취락의 원료공급과 생산물 이동을 위한 용도이면서 취락의 남쪽 경계를 이루고 있다. 김해 관동리의 경우, 같이 확인된 선착장과 연결되어 교역선 출입로로서 사용되

었다. 부산 고촌유적의 경우는 부산에서 기장을 통해 동해안으로 올라가는 가장 빠른 단축로의 중간 지점에 위치하고 있다. 가락국의 고도 김해지역에서는 왕성인 봉황토성을 중심으로 관동리 유적과 같은 항구마을, 여래리 유적과 같은 제철마을이 도로망을 통해 유기적으로 결합되어 있었다. 창원 사림동 도로유적의 경우 창원 진례산성과 연결되는 도로로 군사적인 목적의 도로라고 할 수 있다.

고분 축조를 위한 자재 운반

아라가야의 수장묘인 말이산고분군 6호분에서는 개석이 총 12매가 확인되었다. 암석의 종류에 따라 4가지 유형으로 구분되는데 대부분 함안층과 동일한 암상을 가지고 있다. 그러나 2매의 개석은 흑운모화강암으로 확인되어 도항리 주변에 채석되지 않는 암석이었다. 조사결과 이 흑운모

| 현재에도 도로로 사용중인 함안 봉성리 도로유적(경남발전연구원 역사문화센터, 2005) |

화강암은 여항면 쌍계천의 별천마을에서 산출되는 암괴와 규모와 형태가 거의 일치하며, 위치로 보아서도 고분군과 가장 최단거리에 위치하고 있다. 따라서 고분 조성 당시 여항면 별천계곡에서 직접 채취하여 봉성리 도로유적을 이용하여 말이산고분군까지 운반하였을 가능성이 매우 높다.

도로의 축조

도로가 교통로로서 원활히 기능하기 위해서는 기본적으로 노면으로 인정되는 일정한 폭이 있고, 측구 등의 관련시설을 필요조건으로 한다. 특히 도로라 함은 인위적으로 축조된 선형의 단단하고 편평한 면이 제일 요건이다.

우리나라에서 확인된 도로의 축조는 기반층을 굴착하여 10~20cm 크기의 천석·할석, 잔자갈과 사질점토 등을 이용하여 섞어 깔아 정지하거나, 생토층을 그대로 이용하여 요철면을 할석으로 채워 평탄면으로 마련하거나(함안 봉성리유적), 잔자갈과 사질점토 등을 이용하여 섞어 깔아(마산 중리유적)기반층을 조성하였다. 이러한 도로의 조성 방법의 차이는 도로가 입지하는 조건에 따라 달랐음을 알 수 있다. 도로의 규모 역시 도로의 구축 장소와 목적에 따라 달리하였다. 특히 선형을 유지하는 도로의 경우 개별 축조된 도로의 축조집단의 사정과 함께 지형, 지질에 따라 그 폭을 달리한 것이 인지된다. 통영 안정리 유적의 경우 도로 총 연장 220m가 확인되었는데, 평지에서는 노폭이 5m 정도의 선형을 유지하다가 구릉으로 이를수록 좁아져 고갯마루에서는

1m 정도로 좁아지고 있다.

또한 도로의 노면은 일반적으로 크기가 다른 자갈과 점질토 등을 섞어 번갈아 다져가며 조성하거나 그 위에 황갈색점질토를 한 벌 더 깔아 조성하였는데 고대부터 보편적으로 이용된 방식으로 추정된다.

이와는 달리, 노면을 돌로 깔아 포장하는 방법인 '박석(薄石)'이 있는데, 대체로 크기가 일정한 넓적한 돌을 깔고 그 사이에 흙으로 메운 방법이다. 이러한 시설은 도로를 흙이나 돌을 깔아 포장하였으나 수레 등의 통행에 의해 패여 노면이 고르지 않으므로 돌로 수평을 맞춘 것으로 볼 수 있다.

수레모양 토기

수레모양 토기는 가야시대에 수레가 사용된 것을 보여준다. 그 바퀴의 재료는 고구려의 단철제륜(鍛鐵製輪)과 같이 철로 만들어졌는지, 아니면 나무로 만들어졌는지는 알 수 없으나 일단 형태로 보아서는 고구려의 것과 크게 다르지 않다.

수레형 토기가 가지는 상징은 크게 두 가지 측면에서 생각해 볼 수 있다. 하나는 수레의 전체 모양을 볼 때, 특별히 크게 만들어져 그 형태가 강조되고 있는 수레바퀴 그 자체에 대한 상징적인 의미다. 수레바퀴는 원(圓), 십자(十字), 만자(卍字) 등과 함께 가장 보편적으로 사용된 상징의 하나로 꼽히고 있으며, 천체의 운행이나 태양과 관계있는 도형으로 해석되고 있다. 또한 생명, 우주, 왕권, 중심, 순환, 영원, 광명 등을 나타내고, 불교적으로는 해탈, 완성, 도달을 나타내는 상징으로 이해되기도 한다.

다른 하나는 수레가 가진 실용적인 측면과 관련된 것이다. 수레의 원래 기능이 사람과 물건을 싣고 나르는 것이므로, 수레형 토기는 죽은 자의 영혼을 내세로 싣고 가는 존재로 만들어졌다는 것이다. 가야인들이 사후세계와 영혼의 존재를 인식하고 있었다는 점과 관련지어 볼 때 전자 보다는 후자의 의미가 더 강하다고 볼 수 있다.

| 수레바퀴 달린 토기(박천수, 2010) |

4) 나루터

옛날의 하천은 식량의 공급처이기도 하지만 무엇보다 중요한 의미는 하천 자체가 교통로였다는 것이다. 수운(水運)은 수송거리와 수송속도의 측면에서 육상교통의 75배 가량 유익하다는 연구결과가 있으며, 하천 연안에 입지한 취락은 그렇지 않은 취락에 비해 수송의 편리함이 10배 이상에 달하는 것으로 추정되기도 한다.

나루란?

나루의 사전적 의미는 '강이나 내, 좁은 바닷목에서 배가 건너다니는 일정한 곳'이라고 한다. '나루'란 말의 기원은 '나라(國)'에서 나왔거나 '나르다'라는 동사에서 비롯된 것으로

| 1970년대 낙동강 변 창원 반월나루터(창원문화원, 1999) |

짐작된다. 단재 신채호 선생은『조선상고사』에서 '나라'의 옛 말은 '라라'이고, 이는 '나루'를 가리키던 명사로 곧 나라(국가)를 의미한다고 했다. 고대국가의 성립 과정에서 인근 부족 또는 집단과의 상업적인 교역이 시작되면서 나루가 생겼다고 보면 '나라' 어원설도 이해가 된다. 고대에는 강과 바다를 차지하는 자, 나루(포구)를 얻는 자가 그 일대를 지배하였던 것이다.

나루를 뜻하는 한자는 다양하다. 문헌에는 도(渡)·진(津) 등으로 표기되며, 규모가 큰 나루, 혹은 바닷가의 경우 포(浦)라고 불렸다. 이보다 더 대규모인 경우에는 항(港), 군사적 기능이 부여된 곳은 진(鎭)이라고 한다. 원래 나루는 물을 이용하는 교통의 요지이므로 군사적으로도 매우 중요한 곳이었다. 나루가 인근의 산성과 긴밀히 연계되었던 것도 바로 그 때문이었다. 낙동강변의 함안 칠북면 덕남나루 근처에 성지봉산성이 있으며, 칠서면 웃개나루 인근에는 용성리산성이 있다. 또한 창녕지역 역시 성산산성, 등림리산성 등의 산성이 낙동강변의 여러 나루와 연접해 있다. 이들 산성은 나루는 물론 수로·육로·포구·취락을 보호하는 종합적인 방어기능을 수행했다.

원래 나루는 물을 이용하는 교통의 요지이므로 시대에 따라서 물을 이용하는 교통수단의 변화나 연결되는 육로의 개설, 교량의 건설 등의 요인에 의해 그 중요성이 변화하고 혹은 영영 사라지는 경우도 있다.

낙동강 하류역은 바로 남해바다와 연결된다는 점에서 대

| 김해 봉황동 유적 고상건물지 모습(경남발전연구원 역사문화센터, 2005) |

| 김해 봉황동유적 복원 모습 |

외교류의 중심이었고, 왜국과의 교류를 보여주는 왜계유물도 많이 출토되고 있다. 따라서 가야시대 낙동강이나 남강 자체를 건너기 위한 나루시설이나 접안시설이 많이 필요하였을 것이다. 최근 선착장 혹은 접안시설로 추정되는 유적이 모두 고(古)김해만과 古대산만 언저리에서 확인됨으로서 그 증거가 되고 있다. 대표적인 유적으로는 김해 관동리, 김해 봉황대(가야인생활체험촌부지유적), 창원 신방리 등이다.

항구마을 관동리

가장 전형적인 선착장 유적으로는 김해 관동리유적을 들 수 있다. 관동리유적은 고김해만의 해안가에 위치하였는데 간선과 지선으로 잘 정비된 도로망을 중심으로 건물지 100여 동, 부두에서 선박에 오르는 다리인 잔교(棧橋)가 확인되었다. 선착장 그 자체도 매우 이례적인 유구지만, 이 선착장과 연결되는 도로와 함께 도로 주변으로 많은 지상건물들이 존재하고 있었다는 점에서 전형적인 항구마을의 모습을 보여주고 있다. 이러한 관동리 항구마을은 특수한 기능을 가진 마을이면서 나아가 중심마을이었을 가능성이 높다. 또한 배 접안시설 및 고상건물지가 확인된 가야인 생활체험촌 부지유적은 뒤쪽 가락국 왕궁지로 추정되는 봉황대유적에 포함되는 배 선착장이다.

| 김해 관동리 잔교 교각 축조에 사용된 목제들(삼강문화재연구원, 2009) |

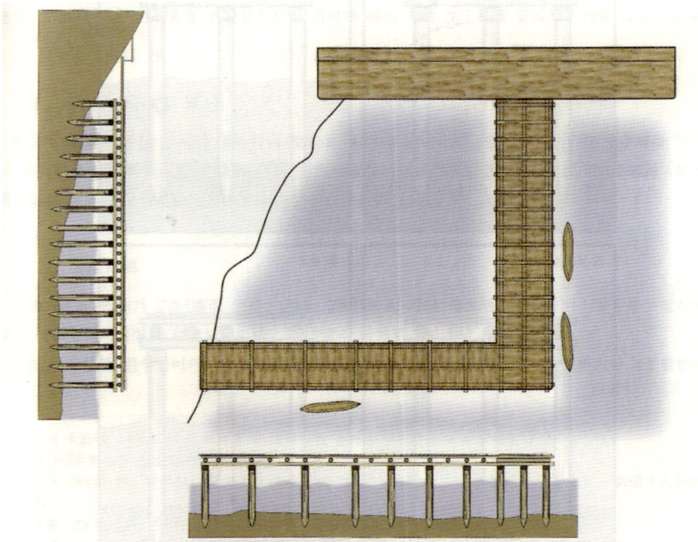

| 김해 관동리 항구유적 잔교 복원도(삼강문화재연구원, 2009) |

배모양 토기

배모양 토기는 죽은 이의 영혼을 저승으로 가는 길로 인도하고자 하는 신앙이 반영된 것으로 보아 이 토기는 가야인의 의식세계는 물론 당시의 교통수단 형태를 구체적으로 알려주는 중요한 자료이다.

| 배모양 토기(박천수, 2010) |

5) 무덤만들기

(1) 가야고분

가야는 하나의 국가로 통합되지 못하였고, 자체의 역사기록도 남아 있지 않아 가야사를 연구할 수 있는 문헌사료는 부족한 형편이다. 그러므로 가야사 연구에 고고학자료가 많이 활용되고 있다. 특히 고분은 당시의 모습을 이해할 수 있는 유물을 많이 부장하고 있어서 더욱 그러하다.

고분(古墳)이란 글자 그대로 옛 무덤을 뜻하기도 하지만,

| 밀집되어 조성된 창원 도계동고분군(창원대학교박물관, 2011) |

고고학에서는 일정한 형식을 갖춘 한정된 시대의 무덤을 말한다. 한정된 시대란 대체적으로 청동기시대 이후 삼한 · 삼국시대를 거쳐 통일신라시대 이후 불교의 영향으로 화장(火葬)이 성행하여 고분 축조가 쇠퇴하는 시기까지를 말한다. 보통 고분은 단독으로 존재하기보다 무리를 이루고 있기 때문에 고분군(古墳群)이라고 한다.

가야 고분은 가야 지역에서 조영된 고분으로 낙동강을 경계로 그 서쪽의 경상남도 지역과 창녕이나 부산과 같은 낙동강의 동쪽지역도 일부 포함 되며, 최근에 조사된 전라북도 남원, 임실 같은 곳에서도 가야 고분이 발견되어, 가야 영역은 전라도 지역까지 확대되고 있다.

| 산 정상부에 위치한 고령 지산동 고분군 (경북대학교박물관, 2009) |

권력의 상징 가야고분

가야지역의 제 세력들은 일정한 수준의 면적을 가진 분지를 무대로 성장해 왔다. 그리고 각 지역 세력의 중심고분군은 지배자집단의 공동묘지였다고 할 수 있고 이들은 모두 각 분지의 중앙부에 뻗어 내린 구

| 유물이 다량 부장된 성산동고분군(계명대학교 행소박물관, 2006) |

릉 위에 축조되었다. 특히 가야 세력의 중심고분군인 김해 대성동고분군, 함안 말이산고분군, 합천 옥전고분군 등은 분지 중앙에 위치한 구릉 정상부에 입지하며 고령의 지산동고분군의 경우, 상당히 높은 산지의 정상부를 따라 고분군이 분포한다. 중심고분군이 이렇게 자리 잡는 것은 중요한 상징적인 의미를 가진다. 지배자집단이 여러 세대를 이어가며 중심고분군에 묻히고 그 후손들은 그 지역을 통치하는 것인데, 지역 중심지의 높은 장소에 위치한 중심고분군은 단순한 공동묘지가 아니라 상징적인 권력의 배경이 되었던 것이다.

5세기 후반 가야 고분은 최전성기를 맞으며 대형화 · 고총화가 이루어지고 유물을 다량 부장하는 후장(厚葬)이 가장 성행한 시기였다. 이점에서는 신라 역시 마찬가지였다. 후장뿐만 아니라 순장도 성행하였다. 이와는 반대로 고구려와 백제는 일부 수장묘를 제외하면 기본적으로 박장(薄葬)이 대세였으며, 특히 백제는 사비기에 들어서면 고분은 간단한 착장형 장신구를 지닌 정도의 시신을 매장하는 공간일 뿐이었다.

가야와 신라의 순장

순장 역시 가락국, 아라가야, 대가야 등 가야 정치집단과 신라에서는 보편적으로 행해지던 장제였다. 특히 대가야에서는 5세기 중후엽에 순장이 나타나기 시작하여 6세기 전반에 최성기를 이루는데 지산동 44호분은 봉토 내 32기의 순장곽에서 36개체의 인골이 출토되어 한반도 최대 규모의 순장묘로 평가되고 있다. 신라는 5세기 전엽부터 순장이 시작

| 고령 지산동 44호분 순장묘 전경(경북대학교박물관 외, 2009) |

되었으며, 순장제도는 502년(신라 지증왕 3년)이 되어서야 폐지됐다. "전에는 국왕이 죽으면 남녀 각 5명씩 순장했는데, 이를 폐지했다는『삼국사기』신라본기의 기록에서 알 수 있다. 신라의 순장이 502년 법률로 금지되었음을 부정할 수는 없지만 이 조치로 인해 신라권역 전체에서 일시에 소멸되었다고 판단하기 어렵다. 경주지역에서는 천마총을 끝으로 더 이상의 순장묘가 확인되지 않아 순장금지령이 바로 적용되었을 것으로 이해할 수 있으나 경산이나 양산 등지에서는 6세기 전반까지 순장이 나타난다. 그러나 법흥왕대 지방관의 파견으로 직접지배체제가 확립된 이후 신라권역 전체에서 순장은 소멸된다.

고대사회 발전단계상 사람을 강제로 희생시켜 순장하는 풍습은 여러 나라에서 보편적으로 발견된다. 이점에서 순장을 실시한 신라와 가야의 장제가 특이한 것이 아니라 행하지 않은 고구려와 백제가 오히려 특이하다고 할 수 있다.

그리고 고구려와 백제는 가야와 신라에 비해 대형봉분 또한 축조하지 않았다.

장제의 중국화

이렇게 가야와 신라, 백제와 고구려가 장제가 다른 배경은 무엇일까? 그것은 바로 중국 장제의 영향을 꼽을 수 있다. 중국은 후한대 이후 극심한 혼란을 거치면서 박장화 기운이 강해지고, 석물을 세우지 않으며 봉토를 크게 하지 않는 불수불봉(不樹不封) 전통이 생긴다. 이후 중국 남조의 경우 지면을 굴착하고 현실이 지하에 깊숙이 자리 잡은 구조이며 봉토는 크기 않아서 현재 그 위치를 알 수 없는 경우가 많다. 고구려와 백제는 비교적 이른 시기부터 중국 왕조와 부단한 교섭을 진행하면서 수많은 중국계 지식인, 기술자가 이주, 정착하였다. 이들에 의해 중국의 장묘제가 본격적으로 수입되었을 것이다. 그리고 이 두 나라는 일찍부터 사상의 정립 즉 불교를 받아들였다.

이런 점에서 가야와 신라 사회의 후장과 순장 실시는 아직까지 중국적 장제, 율령제, 불교의 영향이 미미하였음을 반영한다. 그러나 고구려와 백제의 경우 고총을 통해 백성들에게 왕의 권력을 과시할 필요도, 순장을 행할 필요도 없었던 것이다.

늦게까지 이어지는 가야 순장

신라와 가야의 장묘제가 근본적으로 달라지는 계기는 6세기 이후 신라가 불교를 받아들이고, 순장제를 폐지하고, 박장화를 가속화한 시점이다. 더욱이 신라의 경우는 율령제의 실시가 결정적인 계기가 되었다. 율령을 경험하지 못한 가야의 장묘제가 율령제 사회로 접어든 다른 국가의 장묘제와 달랐던 것은 어찌 보면 당연한 결과라고 할 수 있다. 신라는 백제와 고구려보다 늦었지만 6세기 전반 율령반포를 통해 삼국통일의 기틀을 마련하였다고 할 수 있다.

그러나 가야는 고령 지산동 44호분(6세기 전반)과 같이 아직까지도 초대형 봉분을 축조하고 36명을 순장하는 등 이를

| 6세기 전반대 송학동고분군 1호분(동아대학교박물관, 2005) |

통해 강력한 권위 내세웠던 것이다. 아직까지도 가야는 고총과 순장을 통해 백성들에게 왕의 권력을 과시할 필요가 있었던 것이다.

(2) 고분축조 전문가도 있었다.

가야시대는 대규모로 고분이 축조되는 시기이기 때문에 이와 관련한 전문 축조집단이 주변에 존재하였을 것으로 판단된다. 고분축조가 필요할 때마다 인원이 동원되었을 가능성도 있지만 별도로 고분축조만을 위한 전문집단의 존재가능성도 점쳐진다. 일례로 얼마 전 발굴조사된 김해 퇴래리

유적은 퇴래리고분군의 앞 사면에서 고상건물지 19동이 조사되었다. 아마도 이 건물지들은 퇴래리고분 축조를 위한 전문가 혹은 부역자의 마을이었을 가능성이 높다.

최근 발굴조사에서는 무덤 내부의 매장주체부와 유물뿐만 아니라 봉분의 축조순서나 봉분주변에 있는 건물지 등의 시설에 비중을 많이 두고 조사한다. 이것은 봉분축조순서와 봉분주변 시설이 밝혀지면 축조기술과 방법, 동원인원, 제사 등 당시 국력을 판단할 수 있는 귀중한 자료가 되기 때문이다.

| 고성 기월리 1호분 봉분구획 모습(동아세아문화재연구원, 2011) |

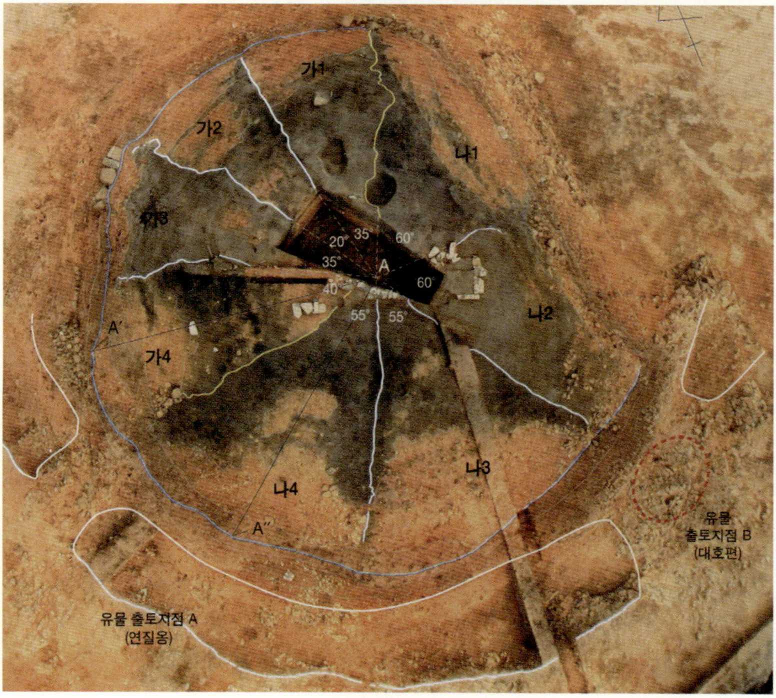

| 함안 도항리 7호 석곽묘 굴착도구 흔적(박성훈 외, 2010) |

이러한 정밀조사를 통해 고성 기월리고분군은 봉분 조성 시 작업공간을 8등분으로 축조했고 이를 다시 각각 4부분씩 나누어 토양을 달리 하면서 명확하게 구분하여 축조한 것을 알 수 있었다. 방사상으로 구획한 것 외에 봉분의 원주와 나란한 횡방향으로 구획한 것도 조사되었는데 이것 역시 이제까지 봉분조사에서 처음으로 밝혀진 것으로 축조공법에서 타 가야지역과는 차별성이 보이는 공정이다. 아마도 고분 축조전문가가 있었음을 암시해준다.

또한 함안 말이산고분군 6호분 주변에서 고상건물지의 흔적이 발견되어 무덤 앞에 제사시설이 존재하였고 제사전문가도 있었을 가능성이 높다.

또한 석곽묘의 묘광을 굴착한 굴착도구 흔적을 조사한 결과 일정한 도구를 이용하여 규칙적인 방향으로 굴착한 것으로 밝혀졌다. 이러한 정황으로 볼 때, 석곽묘 축조시 묘광을 굴착하는 사람들은 전문화된 집단으로 굴착할 때 자신이 소유한 굴착도구를 지속적으로 사용하였던 것으로 보인다.

비운의 여성 송현이

창녕 송현동 고분에서는 여성의 인골이 완전한 상태로 발견됐다. 무덤의 주인을 따라 순장(殉葬)된 비운의 여성이었다.

| 송현이 복원 모습 (국립가야문화재연구소, 2010) |

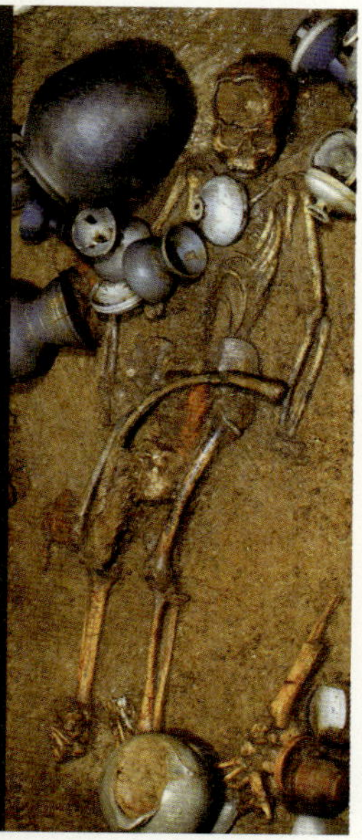

| 창녕 송현동 고분군 순장 인골 송현이(국립가야문화재연구소, 2010) |

첨단과학을 동원, 여성의 몸을 복원했다. 겨우 16살의 소녀였다. 키도 현대의 16살 소녀(159.6㎝ · 2004년 기준)에 비해 6㎝ 이상 작았다.

먼저 소녀의 허리둘레. 요즘 그 나이 또래의 허리(26.2인치)보다 무려 5인치나 가는 21.5인치였다. 가히 '개미허리', '모래시계'였다. 소녀는 8등신 미녀였다. 신장을 머리길이(19.3㎝)로 나눠보니 7.94등신이었다. 조사단은 이 소녀에게 발굴지역의 이름을 따 "송현이"라는 이름을 붙였다.

법의학 측면에서 소녀를 관찰하니 흥미로운 사실을 더 발견했다. 정강이뼈와 좌우 종아리뼈에서 비정상적인 뼈가 툭 튀어나온 것이다. 이것은 소녀가 반복적으로 무릎을 꿇고 뭔가를 했다는 이야기였다. 두말할 것도 없다. 이 가녀린 소녀는 주인을 뼈가 빠지도록 섬기다가 주인의 사망과 함께 순장됐던 가여운 신세였던 것이다.

고분 의례

유물의 출토 정황을 통해 가야인들의 정신세계를 추정할 수 있다. 소가야지역 고분군 가운데 하나인 고성 내산리 고분군에서는 토기를 일정한 양으로 부장한다. 한 무덤에서 고배나 개배가 4조씩 부장된다는 것이다. 개배가 부족한 경우에는 고배의 대각을 제거하고 개배로 재사용하여 4조를 맞추기도 하고, 뚜껑의 꼭지를 제거하고 개배로 사용하기도 하는 등 짝수 부장을 위한 의도가 매우 강하게 확인되었다. 그리고 합천삼가고분군에서도 대가야양식 개배와 신라양식의 유개고배가 2개와 4개로 명확하게 구분되어 부장되고 있어 신라로 편입된 후에도 지속적으로 유지되고 있음을 알 수 있다. 이러한 습속은 소가야만의 독특한 매장풍습이라고 해도 괜찮을 듯하다.

| 짝수로 유물을 부장한 고성 내산리 고분
(국립창원문화재연구소, 2010) |

3. 가야의 전문가(匠人)마을

1) 철을 생산하는 사람들

현대 사회에서 '산업의 쌀'이라 불리우는 철. 가야시대에도 철은 역시 중요한 자원이었으며 자연히 국가에서 철광석산지와 제철 기술자를 확보하는 것은 매우 중요한 일이었다.

철은 당시 지배층이 국가를 통치하는 유효한 수단이었고, 특히 제철기술은 선진집단 혹은 국가에서만 제한적으로 소유할 수 있는 하이테크였기 때문이다. 철소재를 다른 나라에 수출하여 부를 축적하고 철기를 매개로 지배체제를 유지하였던 것이다. 즉 무기와 고급 농기구는 소유에 엄격한 제한이 있었다. 중앙에서는 주변 지역 지배층에게 이를 나누어주어 지배와 복속 관계를 확인하기도 하였다.

고고학의 딜레마 제철유적

『삼국지』 위지 동이전에서도 언급되었듯이 삼한시대부터 진변한(辰弁韓)지역은 철생산과 그 교역지로서 유명한 곳이었다. '국출철(國出鐵)'이라는 철 생산지가 구체적으로 알 수는 없지만 해당지역을 본다면 지금의 경주, 김해, 함안, 고령까지 아우른 지역이었다고 알려져 있는데 정작 철생산과 관련되어 알려진 유적지는 많지 않다는 점이 고고학의 딜레마다.

앞서 언급한 지역들은 목곽묘, 석곽묘 등에서 엄청난 양의 철기부장품들이 출토되고 있어 동이전의 기록을 신뢰하게 하지만, 철생산 관련 유적이 너무나 미미하다는 점이다.

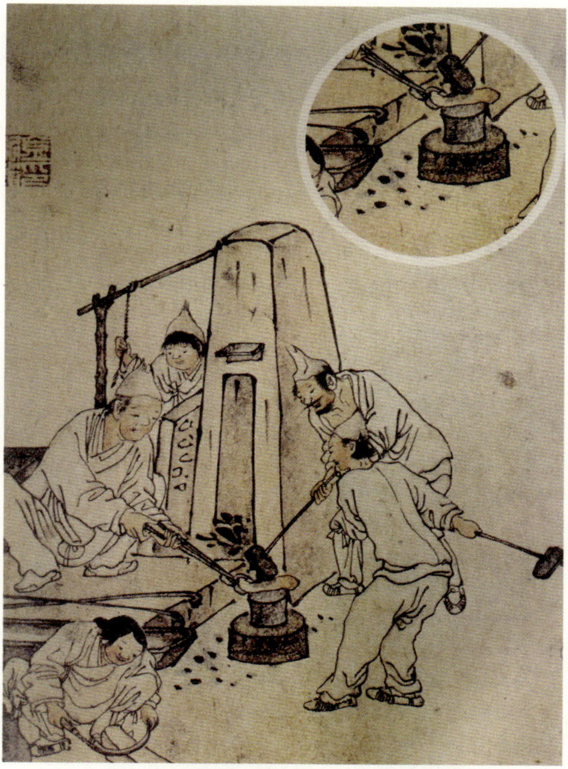

| 김홍도의 대장간 풍속도 |

가야 제철유적들

최근 창원, 김해지역에서 이러한 고고학적 공백을 일부 메워주는 대규모 제철관련 유적지가 확인되었다. 창원 봉곡동 유적, 현동유적, 김해 여래리유적이 대표적이다. 특히 김해 여래리유적은 제철유적과 관련된 고상건물지, 지상건물지와 다양한 수혈, 목탄요, 도로 등 생활유구 및 생산, 유통시설까지 함께 조사되었다. 따라서 이 유적은 제철과 관련된 기능을 하였던 취락으로 철을 다루는 전문가 집단이 존재했음을 알 수 있다.

제철유구가 구체적으로 확인된 예는 아니지만, 고분에서 단야구(鍛冶具)가 부장품으로 출토되고 있어 주목된다. 창원

| 창원 봉림동 제철유구(한국문물연구원, 2011) |

| 창원 반계동 24호 석곽묘 출토 단야구(창원대학교박물관, 2011) |

반계동고분군 24호 석곽묘에서는 망치, 모루, 집게 등이 일괄로 출토되어 제철관련 전문 장인의 무덤으로 추정된다. 이와 같이 고분에서 단야구가 출토된 경우는 창녕 계성리·교동고분군, 부산 복천동, 양산 북정리, 울산 다운동 유적 등이 있다. 단야구는 철기를 전문적으로 제작하는 특정 장인집단계층의 존재를 직접적으로 보여주는 단서이며, 고대 국가 발전의 원동력인 철제무기와 농공구를 제작하는 가장 중요한 도구라고 할 수 있다. 아마도 고분 주변 어딘가에 제철관련 장인집단이 존재했을 가능성을 보여주는 중요한 증거라고 할 수 있다. 다시 말하면 가야의 주요고분군 주변에는 제철관련 유적이 충분히 발견될 가능성이 높다고 할 수 있다.

철의 무게를 측정한 청동고리(銅環)

창원 다호리유적에서는 4개의 청동고리가 출토되었다. 이 청동고리는 다호리 1호분 요갱(腰坑)에서 들어있었다.

| 창원 다호리유적 출토 청동고리(국립중앙박물관, 2008) |

| 창원 다호리유적 출토 오수전(국립중앙박물관, 2008) |

| 창원 다호리유적 출토 붓과 삭도 (국립중앙박물관, 2008) |

이 청동고리의 무게는 각각 5.20g, 10.25g, 11.55g, 22.73g으로 무게 체감률은 대략 1:2이다. 다호리 무덤은 기원후 1세기 후반경으로 추정되고 있어 이 청동고리는 후한대의 도량형을 기본으로 삼았을 가능성이 높다. 그렇지만 중국의 광주시(廣州市) 교외에서 출토된 후한의 6개 청동고리의 무게는 2.45g, 4.4g, 12.2g, 25.5g, 40.3g, 101.8g으

로 다호리의 것과 일치하지 않는다. 다호리 청동고리는 후한의 청동고리를 모델로 하여 자체적으로 만든 것으로 보인다. 아마도 이 청동고리는 철의 무게를 측정하는 양팔저울(天秤)의 추로 추정된다.

그리고 다호리유적에서는 붓과 삭도가 출토되었다. 아마도 철의 교역을 장악하였던 다호리인들은 영수증, 외상장부 등을 목간에 붓으로 글을 쓰고, 삭도로 지웠을 것이다. 다호리유적에서 출토된 오수전(五銖錢) 역시 철의 교역과 관련된 당시의 국제통화였을 것이다.

제철유적의 입지

제철조업을 위해서는 원료인 철광석이 근접해 있고, 연료인 숯의 확보가 용이한 지역에 철생산 시설이 입지했을 것이다. 그러나 최근 발굴조사된 제철유적의 입지환경을 살펴보면 직접적인 원료산지에 인접하는 것보다 교통로 확보를 중시하고 있다. 창원 봉림동유적, 현동유적, 성산유적, 김해 여래리유적 등 대부분의 유적은 원료산지에서 원거리에 위치하며 오히려 수운으로 이용 가능한 하천에 인접하여 조성되었다.

이러한 현상은 교통로를 통한 원료, 연료의 원활한 확보와 동시에 유적에서 완성된 제품의 유통을 위한 것으로 추정된다. 철을 생산하는 일은 조직화된 많은 노동력을 필요로 하는 아주 고된 일이다. 기본적으로 철광석을 운반해야 하고, 제련을 하려면 숯이 필요하고 숯을 만들기 위해 숯가마를 만들고 나무를 벌목해야만 했다. 한 자리에서 모든 것을 구할 수 없기 때문에 교통이 편리한 곳을 선택하였던 것이다.

그리고 제련로에서 생산된 중간소재는 유적내부 또는 주변 취락에서 정련과 단야를 통해 무기, 공구, 농기구 등으로 제작되어 유통되었을 것이다. 하천에 인접하는 또 한가지 이유는 제철조업시 필요한 용수확보 때문이었다. 노의 축조부터 철괴의 냉각, 날내기, 철재의 폐기, 정련·단련 과정 가운데서 열처리와 담금질에 반드시 물이 필요하다. 또한 조업 노동력이 기거하는 주거의 식음수와 취사에도 사용되었을 것이다.

2) 숯 굽는 사람들

삼한시대부터 변진한(辰弁韓) 지역은 철생산과 그 교역지로서 유명한 곳이었다. 가야 역시 철생산으로 강력한 국가로 발전하였음은 틀림이 없는 듯하다.

쇠를 가공하는 첫걸음은 섭씨 1,000도가 훨씬 넘는 온도에서 쇠를 녹이는 일에서부터 시작된다. 그 당시 무슨 방법으로 이렇게 높은 온도를 얻을 수 있었을까? 숯 굽는 기술이 질 좋은 쇠를 만드는 기본이었다. 탄요는 단순히 '목탄을 생산하기 위한 가마'가 아니라 '당대 최고의 첨단기술인 철과 철기를 생산하기 위한 핵심기술의 집약체'라고 규정할 수 있다.

철을 생산하는 데는 철광석의 세배 이상에 해당하는 숯이 필요하므로 숯가마와 제철유적의 관계는 아주 밀접하다. 이

| 숯을 생산하는 모습 복원도(한국생활사박물관 편찬위원회, 2000) |

와 관련해 고대 제철유적 및 철산과 숯가마와의 조합을 살펴보면 신라지역은 울산 달천철산과 경주 황성동제철유적, 그리고 손곡동, 월산리 탄요유적, 울산 매곡동유적과 조합을 이룬다. 가야지역은 밀양 동진철산과 밀양 사촌리 제철유적, 밀양 평촌리 백탄가마와 조합을 이루고 있다. 또한 숯가마 역시 제철유적과 마찬가지로 육로나 강을 이용하여 숯을 공급할 수 있는 교통의 요지에 위치하고 있으며 주변 제철유적과 밀접한 관련이 있음을 알 수 있다.

숯가마와 숯의 재료

숯가마는 가마의 방향이 산의 등고선과 평행하게 자리 잡고 있어 측면에 입구가 있는 것이 특징이다. 숯을 구울 때는 숯가마에 나무를 가득 채우고 구멍을 막은 다음 불구멍으로 불씨를 댕긴다. 중요한 것은 구멍을 열고 탄 나무를 꺼내는 시간을 잘 맞추는 일이다. 자칫 때를 놓치면 숯은 사라지고 재만 남는다. 숯에는 흑탄과 백탄이 있는데 제철작업에는 고온의 백탄을 쓴다. 가마에서 숯을 꺼내어 곧바로 모래를 덮으면 백탄이 된다.

그런데 숯은 주로 무슨 나무로 만들었을까? 사용 목적에 따라 여러 종류의 나무가 쓰였다. 귀신을 쫓는 데는 뽕나무 숯, 고운 가루로 만들어 연마할 때는 버드나무 숯, 다리미질하는 데는 온도를 빨리 올릴 수 있는 소나무 숯을 썼다. 하지만 역시 화력이 좋은 숯에는 참나무를 따라갈 나무가 없다. 참나무는 비중이 높고 수분이 적어 숯을 만들면 단단하

| 함안 신음리 숯가마(동서문물연구원, 2010) |

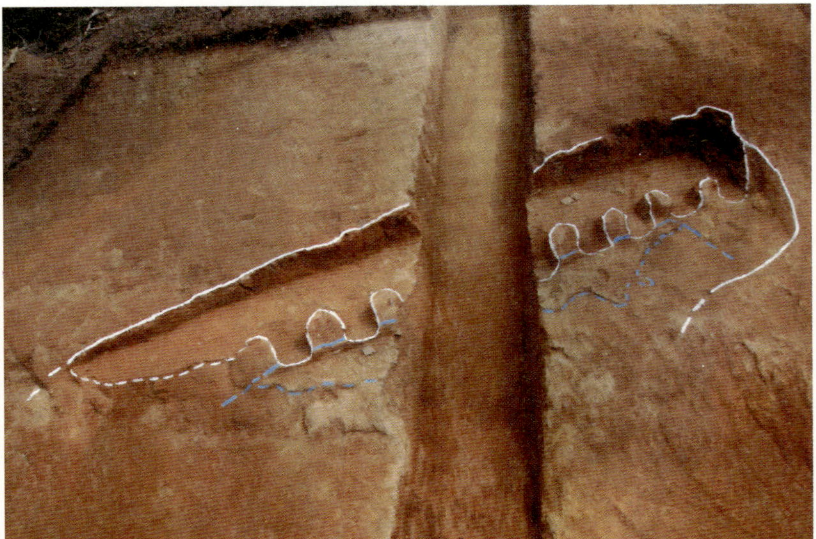

| 백탄과 흑탄의 생산(박상진, 2004) |

면서 열량이 높다. 가마에서 확인되는 숯의 분석결과 조직이 치밀하여 효율성이 가장 좋은 목탄을 생산하는 참나무가 주로 확인되며, 이외에 밤나무와 상수리나무, 소나무 등이 재료로 사용되었다. 참나무와 밤나무 등은 숯으로 변하고 다른 종류의 나무는 장작으로 사용하여 숲은 계속 파괴되었을 것으로 보인다. 숯가마의 폐기는 주변에 숯을 생산할 수 있는 나무와 밀접한 연관성을 가진다.

가마 주변에 나무가 고갈된다면 숯을 만들기 위해 목재를 이동시켜야 하지만 이는 대규모 노동력이 소요되므로 그리 쉽지 않다. 숯생산에 필요한 참나무 등이 소진 될 경우 나무를 찾아 숯 장인 집단이 이동하면서 숯가마를 만들었을 것으로 판단된다. 조선시대 이후 숯가마는 원료인 나무의 수급 측면에서 고지대에 대부분 입지하게 되는 것이다.

숯의 일반화

삼국시대 초기부터 제철의 연료로 사용된 숯은 후대로 내려오면서 차츰 다른 용도로 변해갔다. 숯은 굳이 탄요가 없더라도 쉽게 만들 수 있고, 부뚜막에 불을 지필 때, 숯을 이용하게 되면 연기가 나지 않고, 부피가 작기 때문에 좁은 아궁이에서 사용하기 용이하며, 빨리 타버리는 장작에 비해 은근하게 오래 두고 열을 전달할 수 있어 취사와 동시에 다른 조리도 가능하다는 장점이 있다.

최근 가야지역인 함안의 신음리, 밀양 제대리, 사촌리, 김해 화정리 등에서도 탄요 즉 숯가마가 발굴조사 되었다. 특히 신음리에서 확인된 숯가마는 측구부탄요(側口附炭窯)로 백탄을 만드는데 적합한 구조이다. 백탄은 제철과정에서 연료로 사용되었다. 그리고 신음리 인근에는 아라가야 왕궁지로 추정되는 대규모 복합유적인 가야리유적군이 있어, 아마도 이곳에서 취사용, 난방용으로 사용하였을 것이다.

산업용으로 사용하던 숯이 일반 가정의 취사용과 난방용으로까지 널리 확산되어 그 수요도 기하급수적으로 늘어갔다고 할 수 있다.

환경파괴의 주범 숯

숯은 고급 연료임에는 틀림없으나 자원 낭비가 심하다. 무게로 따져도 질 좋은 숯은 원료가 된 나무의 1/10에 불과하기 때문이다. 수요가 늘어난 만큼 수많은 나무가 잘려 나갔고 자연히 숲은 파괴되었다고 판단된다.

참나무의 고갈은 숯 생산에만 영향을 주는 것이 아니다. 백성들의 배고픔과도 관련된다. 참나무의 도토리와 밤나무의 밤 열매는 흉년이 들 때 대용식으로 먹을 수 있는 귀중한 식량자원이다. 엎친 데 덮친 격으로 나무가 없어진 민둥산은 자연재해를 몰고 오고 이렇게 되면 인심이 흉흉해지고 나라의 기강은 흐트러지게 마련이다. 가야의 멸망 원인의 하나라고 말하는 이도 있다.

3) 토기를 만드는 사람들

토기는 인간의 음식문화를 담는 중요 매개체이다. 신석기시대에 처음 만들어진 이래 가야시대에는 무덤과 주거지에 이르기까지 다량 출토되는 대표적인 유물이며 주요 편년자료로 활용될 만큼 가야와 신라의 고고학적 연구에 있어 중요한 연구대상이다.

가마유적은 과연 어디에 있을까?

가야 토기는 당시 일상 생활품이면서 무덤에 부장품으로 그 양도 엄청나다. 또한 부피도 크고 깨지기 쉬워서 멀리 운반하기도 힘들었던 까닭에 전국 각지에 공방이 산재하였을 것이다. 그러나 낙동강 하류역의 토기생산 지역은 앞서 기술한 제철유적과 마찬가지로 토기 출토량에 비해 그 토기를 생산하였던 가마유적의 조사 예는 적은 수만 확인되어 역시 고고학의 딜레마라고 할 수 있다.

지금까지 확인된 토기가마의 입지적 특징으로는 앞서 설명한 제철유적과 마찬가지로 교통로 확보가 중요했다. 대체적으로 수운이 가능한 하천에 인접하며 교통이 편리한 구릉 사면이나 계곡일원에서 확인된다. 무엇보다 흙을 채취해야 하는 원료 공급문제나 땔감이 다량 필요하고, 제품을 운반하기 좋은 곳이 필요하기 때문이다. 이러한 입지적 특성 때문인지 원래 그 수가 적었는지 모르지만 토기가마는 취락조사의 증가에 비해 조사 숫자가 많지 않은 유구에 속하지만 앞으로 많이 확인될 가능성은 매우 많다. 그리고 그에 따라 토기전문 제작 집단의 취락도 확인될 것이다.

| 발굴 조사 전 함안 우거리 토기가마(국립김해박물관, 2007) |

| 함안 우거리토기마가 벽체모습(국립김해박물관, 2007) |

토기가마 유적의 특징

현재까지 가야지역에서 확인된 토기가마유적의 특징을 든다면 먼저 함안 우거리, 장명리, 묘사리 가마유적 등과 같이 대량생산을 위한 토기생산구역이 따로 존재하는 것과 이와 달리 창원 중동유적, 창녕 계성리유적과 같이 단지 한 취락의 자급자족적 성격으로 한 두기 내외로 존재하는 것으로 나눌 수 있다. 전자는 국가에서 관리하는 대량생산을 위한 토기생산구역으로 파악되며 각 지역으로 유통되었던 것으로 파악된다. 후자는 취락의 일부시설 혹은 생업의 일부로 토기의 생산을 한 것으로 보이며, 이를 통해 장례에 필요한 물건을 자체생산하고, 생활에 필요한 물품을 필요시 생산하였던 것으로 판단된다.

가야지역에서 가장 대규모 토기가마가 확인된 곳은 낙동

| 함안 묘사리 토기요지(창원대학교박물관, 2006) |

강과 인접한 함안군 법수면 일대 우거리, 묘사리, 장명리, 윤외리 등에서 밀집 분포하고 있다. 따라서 이곳에서 이와 관련된 공인들의 집단 주거지, 즉 생활유적을 비롯하여 도로, 선착장이 확인될 가능성이 매우 높다. 실제로 가야지역은 아니지만 전남 나주 오량동 토기가마유적에서는 토기를 제작하고 이를 운반하였던 도로유적과 선착장이 확인되어 토기의 제작과 유통에 대한 일련의 과정을 추정할 수 있게 되었다.

토기가마가 법수면 일원에 밀집 분포하는 것으로 보아 남강과 낙동강수계, 진동만으로의 해상교역과 관련된 생산과 분배, 교역과 교류시스템을 가진 강력한 규제를 바탕으로 한 대규모 집단적 생산체제가 갖추어졌을 것으로 추정된다.

이러한 토기의 생산과 분배시스템의 기초위에 5세기대 아라가야라는 강력한 국가가 탄생했을 것이다.

토기에도 상표가 있었다

최근 조사된 함안 우거리토기요지에서 발굴된 토기에는 암호와 같은 다양한 기호들이 확인된다. 영남지역에서 확인된 기호는 현재까지 약 19종류이며, 대체적으로 4세기대에는 승석문단경호, 컵형토기가 주류를 이루며 5세기 이후에는 고배와 뚜껑에서 주로 나타난다. 발굴조사된 우거리토기요지에서는 승석문단경호의 동체 아랫부분에서 가장 많이 확인되며, 일부 컵형토기나 소형호에서도 새겨져 있다. 이러한 기호의 용도는 토기를 만든 공인을 확인하기 위한 상표라고 할 수 있다. 이러한 기호는 함안 우거리일원에서 여러 명의 공인들이 공동으로 가마를 이용하여 토기를 굽는 생산체계를 가지고 있었고, 구워진 토기를 꺼내는 과정에서 각각의 공인이 만든 토기를 구별하기 위한 것이기도 하다.

그러면 왜 승석문단경호에 집중적으로 기호가 새겨질까? 현재까지의 상황으로 보아 토기의 여러 기종 중에 구별이 어려운 기종을 중심으로 기호를 새겼다고 할 수 있다. 우거리에서 출토된 승석문단경호는 가장 많이 만들어졌을뿐만 아니라 통일된 문양과 기법으로 성형되었고 형태도 거의 비슷하여 구별에 상당히 어려움이 있었다. 이를 해결하기 위해 이러한 기종을 중심으로 기호를 새겼던 것이다. 5세기 후반 신라고배를 중심으로 다양한 문양이 시문되면서, 이러한 다

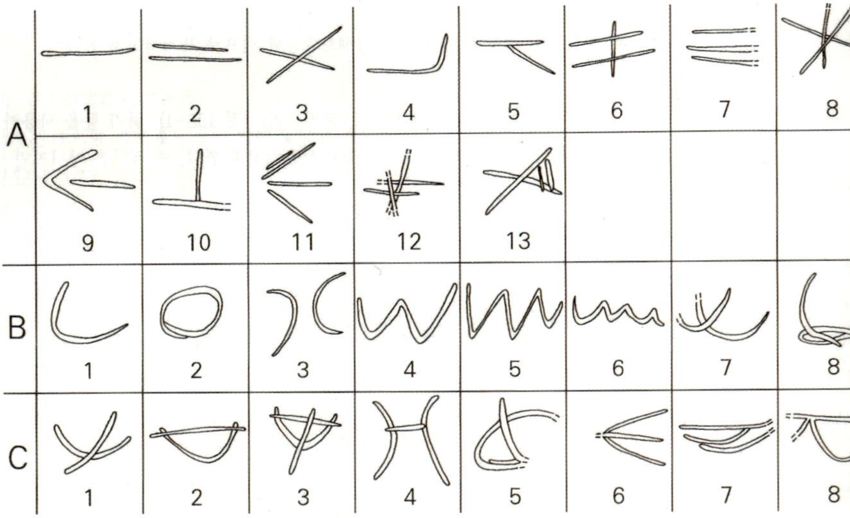

| 함안 우거리 가마 토기 기호(국립김해박물관, 2007) |

| 여러가지 무늬가 새겨진 우거리 토기(국립김해박물관, 2007) |

양한 문양이 공인간의 구분을 가능하게 하면서 토기에 새겨진 기호가 줄어드는 경향을 보인다.

이러한 기호가 새겨진 토기를 통해 'MADE IN' 함안토기의 유통범위를 알 수 있다. 기호는 토기 제작공인의 상표와 같은 기능을 하였으므로 동일 기호는 최소한 동시기에 동일 공인 또는 동일 제작그룹에 의해 제작되었다고 할 수 있다. 이러한 기호가 새겨진 함안토기는 경주를 비롯한 대구 등 신라권 전역과 인근의 창원·진주·합천·김해지역까지 확인되고 있어 낙동강, 남강을 통해 폭넓게 유통되었음을 알 수 있다.

4) 전문가(匠人) 국경을 넘나들다

(1) 가야인의 이주, 가야로의 이주

삼국시대 각 나라들은 교류와 대립, 전쟁과 화해의 과정에서 인적 물적 교류가 활발하게 진행되었다. 이런 가운데 가야인들도 국경을 넘어 이주하고, 타국인들도 가야로 이주하였을 것이다. 이주는 개인이나 종족, 민족 집단이 타의(국가권력, 전쟁) 혹은 자의에 의해 본래 살던 지역을 떠나 다른 지역으로 이동하여 정착하는 것을 말한다. 가야의 장인들은 오히려 국가 정책과 정세에 더욱 민감했던 것 같다. 전쟁이 일어나면 제철장인, 무기제작 장인, 도공 등 전문가들을 우선 강한 통제선상에 놓여 있었으며 적군들 역시 이들을 우선 획득하려 했다.

흔히 확인되는 이주를 나타내는 고고자료로서 가야로의

| 거제 장목 왜계석실분(경남발전연구원 역사문화센터, 2010) |

이주를 보여주는 것은 경남지역의 왜계토기인 하지끼(土師器), 왜계 석실분, 창녕 계성리유적의 마한식(馬韓式) 주거지 등을 들 수 있고, 가야인이 국경을 넘어 다른 곳으로 이주한 것은 강원도 동해 추암동고분군의 대가야토기 출토 고분군, 일본 후쿠오카(福岡市) 니시신마치(西新町)유적의 부뚜막이 있는 주거지와 토기, 일본 긴키(近畿)지방의 스에키, 시기는 다르지만 임진왜란 때 납치된 도공 등이 그 예가 된다.

가야 장인들 스에키를 생산하다

서기 400년 고구려 남정으로 전기가야의 맹주였던 가락국은 상당한 타격을 입게 되고 중심고분군인 대성동고분군의 축조가 중단된다. 이후 그 유이민들이 일본으로 진출하게 된다. 일본 초기 스에키(須惠器)는 한마디로 말해 가야토기를 중심으로 한 한반도 남부의 도질토기가 일본에서 재현된 토기라고 할 수 있다. 가야지역, 즉 낙동강 하류역에서 발견되는 하지키(土師器) 혹은 하지키계토기가 일본열도 주민의 가야로의 이주의 산물이라면 5세기 전엽 일본열도에서 출토되는 가야토기와 초기 스에키는 가야장인이 일본으로 이주의 산물로 볼 수 있다. 즉 일본에서 말하는 도래인(渡來人)이다.

이보다 앞 시기에도 일본에서 가야토기를 비롯하여 삼국토기들이 출토되지 않는 것은 아니지만 김해 대성동고분군 축조 중단이후의 토기들이 일본 광역에 걸쳐 토기기종구성을 갖춰 출토되고 있다는 점이 주목된다. 이는 대성동 고분

| 일본 오사카 오바데라(大庭寺)유적 TG232호 초기스에키(부산박물관, 2008) |

축조 중단이라는 한반도 남부의 정세와 가야인의 이주와 관련 있음을 알 수 있다.

이와는 달리 백제의 기와 박사들은 국가의 명에 따라 왜국 땅으로 건너가 기와 만드는 기술을 전파하였다.

조선시대 임진왜란을 도자기 전쟁이라고 한다. 임진왜란 때 일본인들이 이곳의 도공들을 납치해 가고, 많은 도자기를 강탈해 갔다. 오늘날 일본은 '이도다완(井戸茶碗)'을 그들의 국보로 지정하여 세계적인 보물로 여기고 있다.

가야로 이주한 교류 왜인들

3~4세기대 창원, 김해, 부산을 중심으로 한 낙동강하류 지역의 주거지, 패총 등 생활유적에서 확인되는 다수의 하지키(土師器) 혹은 하지키계토기는 일본 현지에서 반입된 것은 소량이고 대부분 가야지역에서 제작한 모방품이라 할 수 있다. 가야지역에서 하지키를 일상용기로 사용했던 사람들은 왜인의 식습관을 가지고 있었고 이들은 바로 가야지역에서 정주하고 생활한 왜인이었을 것으로 추정할 수 있다.

그리고 6세기가 되면 가야지역에 일본 큐슈계(九州系) 횡혈

| 낙동강 하류 지역의 하지끼계 토기 |

식석실이 분포한다. 왜계 석실은 가야지역의 전통적 매장주체시설 및 관념에서 다를 뿐만 아니라 연속성이 없으므로 가야지역에 이주한 왜인들의 무덤으로 추정된다. 석실의 계통으로 보아 가야지역에는 큐슈의 다양한 지역 출신들이 가야지역으로 이주하였을 것으로 추정된다. 이들은 오랫동안 철의 수입 등 양국간 교역을 담당했던 사람들 혹은 선진문물과 정보획득을 위한 연락관 등으로 입국하였다가 원거주지인 왜로 귀향하지 않고 가야지역에 정착했던 것으로 볼 수 있다.

(2) 전쟁으로 인한 강제 이주

정치적으로 빈번한 분쟁이 있던 삼국시대의 경우 전쟁에서 진다거나 세력의 열세로 밀려났을 때 본인이 의지와 상관없이 포로, 강제이주 등이 나타날 수 있고, 반대로 스스로 남의 눈에 띄지 않고 접근이 어려운 곳으로 도피할 수도 있다. 『삼국사기』 법흥왕 9년에 신라와 대가야의 결혼동맹에 의해 신라인 다수를 가야에 보냈다는 기사와 같이 굳이 전쟁이 아니더라도 국가정책에 따른 이주도 있었을 것이다.

강원도 동해시에서 출토된 대가야토기

최근 강원도 동해시 추암동고분군에서는 대가야토기가 출토되어 주목되고 있다. 동해 추암동고분군은 동해안에 면한 얕은 구릉에 소형묘로 구성된 고분군으로 매장주체시설은 수혈식석곽과 횡구식석실이다. 고분군 내에서 대가야토기가 부장된 매장주체시설은 모두 6기며 모두 수혈식석곽

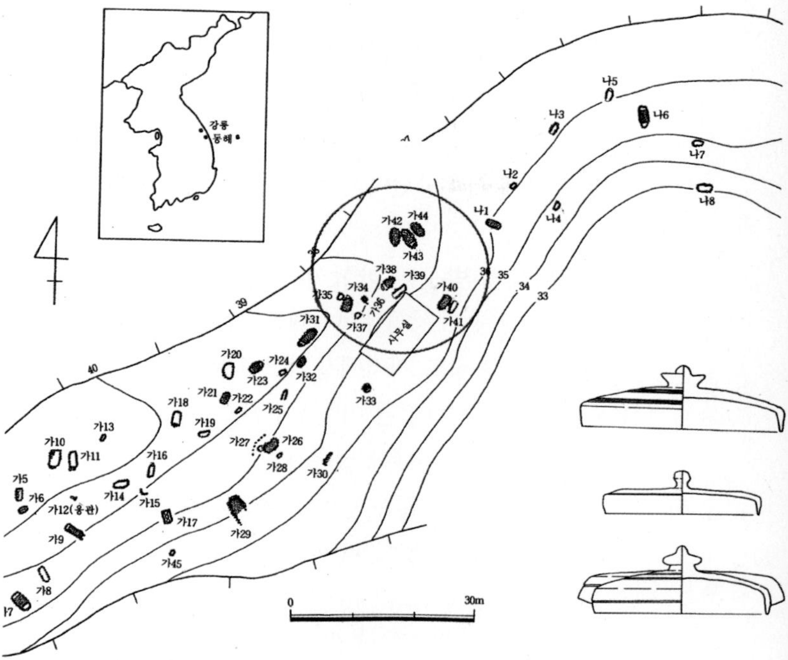

| 동해 추암동 대가야 고분군과 토기(홍보식, 2010) |

이고, 고분군의 동쪽 가장자리에 집중하고, 고분군의 중심부에는 확인되지 않는다. 출토된 대가야토기는 최말기의 대가야토기로서 기종이 뚜껑과 개배 등 소형품이다. 대가야와 전혀 연고가 없는 동해지역에 최말기의 대가야토기가 출토된 것은 대가야와 신라 간의 유대관계에 의한 토기의 교류가 있었다고 보기는 어렵고, 대가야토기를 사용한 대가야인이 이곳으로 이주했다고 보는 것이 자연스럽다.

아마도 통일전쟁이 이루어지는 6세기 중엽 이후부터 7세기 후반까지 국가권력에 의한 강제적 이주가 비교적 많이 있었을 것이다. 다시 말하면 신라가 대가야를 정복한 후 일부는 포로 또는 노예로 전락하여 다른 지역으로 보내지기도 하고, 일부는 그들의 생활터전과 전혀 다른 먼 곳인 강원도 동해로 강제 이주당했다고 추정할 수 있다.

창녕에서 발굴된 마한식(馬韓式)주거지

한편 창녕 계성리유적에서는 가야지역에서는 이례적으로 전라도와 충청도 지역에서 확인되는 마한식주거지가 확인되어 주목된다. 확인된 마한식주거지는 정치적으로 빈번한 분쟁이 있던 삼국시대에 일반적인 주거지역인 구릉이나 평지가 아닌, 계곡 사이로 도피하여 취락을 형성했던 것으로 추정되는 유적이다. 방형의 평면 형태와 4주식, 주거지 밖으로 길

| 창녕 계성리 유적의 마한식 주거지 모습(우리문화재연구원, 2008) |

게 뻗은 배수구, 그리고 벽면에 붙은 직선형의 부뚜막 등의 특징은 호남의 서해안지역 일대의 주거지와 유사하며 이러한 수혈주거지의 분포중심지는 부안~나주의 호남 서해안 일대

| 배수구가 길게 뻗어 있는 창녕 계성리 유적의 마한식 주거지 (우리문화재연구원, 2008) |

이다. 주거지의 형태뿐만 아니라 계성리유적의 주거지에서 출토된 각종 유물은 호남지역에서 4세기부터 5세기대까지 보편적으로 출토되는 것이어서 취락을 조영한 집단은 호남지역인 영산강수계에 있었음을 추론할 수 있다. 영산강수계 집단이 낙동강수계로 이주해서 정착했음을 나타낸다.

따라서 창녕 계성의 큰골과 봉화골I 유적의 백제계 취락민들은 호남 서해안의 어느 지역으로부터 이곳으로 도피하여 이주해 온 것으로 추정된다. 이는 당시의 정치 · 사회적인 상황을 반영한 이 시대의 독특한 취락의 한 형태라고 할 수 있다.

| 필자 : 김주용 |

부산경남역사연구소, 『시민을 위한 가야사』, 집문당, 1996

김순규, 『한국의 군복식 발달사』, 국방군사연구소, 1997

류희경, 『한국복식문화사』, 교문사, 1998

국립김해박물관, 『국립김해박물관 전시 도록』, 1998

오영찬, 「도토리밥에서 쌀밥까지」, 『삼국시대사람들은 어떻게 살았을까』, 1998

부산광역시립박물관, 『어구전』, 1999

창원문화원, 『1969~1999 영상실록 창원-양해광 향토사진 모음집』, 1999

한국생활사박물관편찬위원회, 『한국생활사박물관(선사생활관, 발해 · 가야생활관, 신라생활관)』, 사계절, 2000

부산대 한국민족문화연구소, 『가야각국사의 재구성』, 혜안, 2000

국립중앙박물관, 『겨레와 함께한 쌀-새천년특별전 도작문화 300년』, 2000

창원대학교박물관, 『창원 반계동유적』, 2000

문화관광부, 『우리옷 이천년』, 문화관광부, 2001

창원대학교박물관, 『94 창원가음정동유적』, 2001

부산대 한국민족문화연구소, 『한국고대사 속의 가야』, 혜안, 2001

국립진주박물관, 『청동기시대 대평 · 대평인』, 2002

남재우, 『안라국사』, 혜안, 2003

학연문화사, 『가야의 유적과 유물』, 2003

대성동고분박물관, 『도록』, 2003

곽종철, 「가야의 생업」, 『가야고고학의 새로운 조명』, 2003

권주현, 『가야인의 삶과 문화』, 혜안, 2004

가야사정책연구회, 『가야, 잊혀진 이름 빛나는 유산』, 혜안, 2004

주강현, 『우리문화의 수수께끼』, 한겨레신문사, 2004

창원대학교박물관, 『문화유적분포지도 -창원시-』, 2004

박상진, 『역사가 새겨진 나무이야기』, 김영사, 2004

복천박물관, 『선사 · 고대의 생업경제』, 2005

복천박물관, 『선사 · 고대의 요리』, 2005

국립대구박물관, 『사람과 돌』, 2005

동아대학교박물관, 『고성 송학동고분군』, 2005

경남발전연구원역사문화센터, 『김해 가야인 생활체험촌 조성부지내 유적 I』, 2005

경남발전연구원역사문화센터, 『함안 봉성리유적』, 2005

한국역사연구회, 『삼국시대 사람들은 어떻게 살았을까』, 청년사, 2005
안명숙 외, 『한국복식사』, 예학사, 2006
국립김해박물관, 『加耶의 美』, 2006
동아세아문화재연구원, 『함안 충의공원 조성부지 내 유적』, 2006
창원대학교박물관, 『문화유적분포지도 －함안군－』, 2006
계명대학교행소박물관, 『성주 성산동고분군』, 2006
국립김해박물관, 『가야의 精神世界』, 2007
국립김해박물관, 『함안 우거리 토기생산유적』, 2007
김정호, 『우리옷 이야기』, 글누리, 2007
안명숙, 『우리옷 만들기』, 교문사, 2007
조우현 외, 『대가야 복식』, 민속원, 2007
남재우, 『아라가야 역사읽기』, 경남문화, 2007
경남문화재연구원, 『함안 오곡리유적』, 2007
국립중앙박물관, 『갈대밭 속의 나라, 다호리』, 국립중앙박물관, 2008
우리문화재연구원, 『창녕 계성리유적』, 2008
경남발전연구원역사문화센터, 『마산 진동유적』, 2008
국립중앙박물관, 『한국미의 태동 구석기 · 신석기』, 2008
부산박물관, 『오래된 만남 한국과 일본』, 2008
이영식, 『이야기로 떠나는 가야 역사여행』, 지식산업사, 2009
국립김해박물관, 『국립김해박물관 도록』, 2009
국립김해박물관, 『지산동고분과 대가야』, 2009.
동아세아문화재연구원, 『진해 자은3지구 국민임대주택단지 발굴조사 현장설명회』, 2009
삼강문화재연구원, 『金海 官洞里 三國時代 津址』, 2009
경북대학교박물관 외, 『고령지산동44호분』, 2009
영남고고학회, 『영남지방 원삼국 · 삼국시대 住居와 聚落 1 · 2』, 2009
동아세아문화재연구원, 『昌原 新方里 低濕遺蹟』, 2009
우리문화재연구원, 『金海 餘來里遺蹟』, 2009
울산대학교박물관, 『부산 기장 가동유적』, 2009
경남발전연구원역사문화센터, 『창원 사림동유적』, 2009
국립가야문화재연구소, 『함안 성산산성』, 2009
박천수, 『가야토기』, 진인진, 2010
국립가야문화재연구소 외 3, 『비사벌』, 2010

동서문물연구원, 『함안 신음리유적』, 2010

동아세아문화재연구원, 『거창 양평리 생활유적』, 2010

박성훈 외, 「수혈식석곽묘 조사방법의 검토」, 『야외고고학』9, 한국문화재발굴조사연구기관협회, 2010

국립가야문화재연구소, 『국립가야문화재연구소 20년의 발자취 1990~2010』, 2010

국립광주박물관, 『신창동유적의 의의와 보존』, 2010

성림문화재연구원, 『경주 노서동 169-3번지 통일신라시대 생활유적』, 2010

국립대구박물관, 『국립대구박물관』, 2010

복천박물관, 『履, 고대의 신』, 2010

경남발전연구원 역사문화센터, 『진해 웅천읍성 II』, 2010

경남문화재연구원, 『진주 평거동유적』, 2010

오승환, 「실험고고학의 이해」, 『2010년도 매장문화재전문교육 실험고고학의 이해』, 한국문화재조사연구기관협회, 2010

이소정 · 원성현, 『가야사 이야기』, 리젬, 2010

경남발전연구원, 『경남의 청동기시대 문화』, 2010

울산대곡박물관, 『비사벌 송현이의 기억』, 2011.

국립가야문화재연구소 외 3, 『비사벌』, 2010

공봉석, 「가야 · 신라시대 수혈건물지」, 『2011년도 매장문화재전문교육 수혈주거지조사법』, 한국문화재조사연구기관협회, 2011

동아세아문화재연구원, 『고성 기월리 1호분 발굴조사 현장설명회』, 2011

창원대학교박물관, 『또 하나의 기록, 창원대학교박물관 개관 30주년 기념도록』, 2011

경상문화재연구원, 『함안 도항리고분군』, 2011

경남문화재연구원, 『부산 대라리유적』, 2011

한국문물연구원, 『창원 봉림임대주택 예정부지 내 유적』, 2011

복천박물관, 『인간, 바다 그리고 삶』, 2011

경남발전연구원역사문화센터, 『진주 평거 3-1지구 유적』, 2011

복천박물관, 『인간, 바다 그리고 삶』, 2011

진주청동기문화박물관, 『진주청동기문화박물관 전시유물 도록』, 2012

함순섭, 「嶺南地方 三韓 · 三國時代 살림집의 復原研究」『東垣學術論文集』9집, 2008

유병록,「삼국시대 낙동강하류역 및 남해안취락의 특성」『영남지방 원삼국 · 삼국시대 주거와 취락』, 영남고고학회, 2009

권오영,「장제와 묘제의 의미」『한국 매장문화재 조사연구방법론』5, 국립문화재연구소, 2009

홍보식, 「신라 · 가야의 移住資料와 移住類型」『移住의 고고학』, 한국고고학회, 2010